DISCLAIMER

The author and publisher are providing this book and its contents on an "as is" basis and make no representations or warranties of any kind with respect to this book or its contents. The author and publisher disclaim all such representations and warranties, including but not limited to warranties of merchantability. In addition, the author and publisher do not represent or warrant that the information accessible via this book is accurate, complete, or current.

Except as specifically stated in this book, neither the author nor publisher, nor any authors, contributors, or other representatives will be liable for damages arising out of or in connection with the use of this book. This is a comprehensive limitation of liability that applies to all damages of any kind, including (without limitation) compensatory; direct, indirect, or consequential damages; loss of data, income, or profit; loss of or damage to property; and claims of third parties.

BESTACTIVITYBOOKS.COM

FIRST EDITION - Published 2022

Extra Graphic Material From: www.freepik.com
Thanks to: Alekksall, Starline, Pch.vector, Rawpixel.com, Vectorpocket, Dgim-studio, Upklyak, Macrovector, Stockgiu, Pikisuperstar & Freepik.com Designers

This Book Comes With Free Bonus Puzzles

Available Here:

BestActivityBooks.com/WSBONUS20

5 TIPS TO START!

1) HOW TO SOLVE

The Puzzles are in a Classic Format:

- Words are hidden without breaks (no spaces, dashes, ...)
- Orientation: Forward & Backward, Up & Down or in Diagonal (can be in both directions)
- Words can overlap or cross each other

2) ACTIVE LEARNING

To encourage learning actively, a space is provided next to each word to write down the translation. The **DICTIONARY** allows you to verify and expand your knowledge. You can look up and write down each translation, find the words in the Puzzle then add them to your vocabulary!

3) TAG YOUR WORDS

Have you tried using a tag system? For example, you could mark the words which have been difficult to find with a cross, the ones you loved with a star, new words with a triangle, rare words with a diamond and so on...

4) ORGANIZE YOUR LEARNING

We also offer a convenient **NOTEBOOK** at the end of this edition. Whether on vacation, travelling or at home, you can easily organize your new knowledge without needing a second notebook!

5) FINISHED?

Go to the bonus section: **MONSTER CHALLENGE** to find a free game offered at the end of this edition!

Want more fun and learning activities? It's **Fast and Simple!**
An entire Game Book Collection just **one click away!**

Find your next challenge at:

BestActivityBooks.com/MyNextWordSearch

Ready, Set... Go!

Did you know there are around 7,000 different languages in the world? Words are precious.

We love languages and have been working hard to make the highest quality books for you. Our ingredients?

A selection of indispensable learning themes, three big slices of fun, then we add a spoonful of difficult words and a pinch of rare ones. We serve them up with care and a maximum of delight so you can solve the best word games and have fun learning!

Your feedback is essential. You can be an active participant in the success of this book by leaving us a review. Tell us what you liked most in this edition!

Here is a short link which will take you to your order page.

BestBooksActivity.com/Review50

Thanks for your help and enjoy the Game!

Linguas Classics Team

1 - Antiques

چ	ش	پ	ك	ن	ت	ب	ھ	س	ج	ھ	ۋ	ئ	ت
ا	ى	ش	ش	ك	ە	ۆ	ا	ۋ	ە	ب	س	ۆ	ە
ى	ل	ن	ن	ى	پ	پ	ق	ھ	ە	ر	ج	ي	ڭ
ل	ې	غ	ل	ل	ۋ	د	ى	ف	ا	ۆ	ڭ	ج	گ
ش	س	ۋ	ا	ى	س	ف	ئ	س	ش	س	ز	ا	ە
ز	غ	غ	م	چ	ق	ئ	چ	ى	ئ	س	ى	ھ	پ
ي	ە	ب	ر	ك	و	ن	ى	ل	ا	ر	ج	ا	ۇ
ې	ل	ھ	و	ە	ز	پ	ا	ب	ۇ	ى	ئ	ز	ل
م	ب	ي	ن	ز	ش	ۋ	ج	ە	ش	س	ى	ل	ل
خ	ە	ۇ	ى	ى	ئ	و	ې	ۇ	ف	ە	ج	ى	ا
ب	م	ۋ	ب	ب	ھ	ب	ر	و	غ	ئ	ى	ر	ر
س	ت	ب	ب	س	ۆ	د	گ	خ	ې	ۇ	ن	ى	ە
ل	ك	ج	ى	پ	ى	ۆ	ئ	د	ش	ك	ئ	ۆ	ق
ر	ژ	ى	چ	ق	ى	م	م	ە	ت	ژ	ن	ن	ە

چىنلىق
ئەسىر
تەڭگە پۇللار
بىزەكچىلىك
نەپىس
ئۆي جاھازلىرى

مەبلەغ سېلىش
كونىلار
باھاسى
سۈپەت
بىنورمال
قىممەت

2 - Food #1

ت ا ھ ژ ڭ د خ ى ۇ ش س ى ۋ ل
و ۈ د پ ۇ ئ ا ر پ ا ب ج ې چ
ر ل ق ل ي ۇ ۋ ۇ م ە غ ى ژ چ
ت ك ۋ گ س ڭ گ س ژ ن غ ت ت ئ
ۈ ك ە ل ا پ ا ر ۆ ز ف ى ش ۈ
س ا ز ل ۆ ق و ۋ چ ق غ ب س س
ت ۋ ۋ ت ۇ ز ك ش ز ل ل ر ۆ ا
ۈ ي ە ر ي ا ڭ ى ق ى ج ە ت ل
پ خ س د پ ي ا ش ز م ر ش ق ا
ش ۆ گ ر ئ ى ۇ ې ۇ و غ ە ل ھ
ە ۋ و ز ۆ پ ئ ك ۇ ن ھ ۋ ژ ۋ
ن ش ف ب ر ش پ ە ھ ۋ ق ې ە ك
ۆ ش غ چ ۈ ا ر ر ە خ ف م چ ق
ا چ ت ا ك ب ۆ ل ج ۈ ر گ ە ن

ئۆرۈك
ئارپا
تورت
سەۋزە
قەھۋە
سامساق
مېۋە شەربىتى
لىمون
گۆش
سۈت
باش پىياز
يەر ياڭىقى
نەشپۈت
سالاھ
تۇز
شورپا
پالەك
بۆلجۈرگەن
شېكەر

3 - Exploration

ۆ ن ق ە ھ ۇ ن ق د د ب گ ئ ژ
گ ا ې ب ا ې ڭ ا ھ خ ن ى ر ئ
ج م ۇ ز ي ھ ل ى ھ غ ر ى ج غ
ا ە ي ۈ ۋ ا ل ى ت ا ك ڭ ا ئ
س ل ۋ ڭ ا خ چ ت د خ ب ې ۈ ى
ا ۇ ن ى ن ۋ ا ە ش ا ق ي ا ب
ر م ق ف ل د ش ي پ ۈ ى گ ې ن
ە ى ژ ش ا گ س ى غ ۆ ل و ل پ
ت م ۆ ا ر ا س ل ف ي ن ش ي ش
ئ و ى غ ي ۆ ۇ ا ي ش ى ۇ ھ ن
ق ا ۆ ا د ر ى ئ س ئ غ ۆ ۈ ا
ئ ھ ھ ك خ ې ز ا ۆ ل ر خ چ گ
ا ە ى ژ پ ا خ پ ب ى ا ۆ ف ئ
ت د س ژ ت ي ە غ ۇ ە ھ ي ئ خ

پائالىيەت
ھايۋانلار
جاسارەت
ئىرادە
بايقاش
ھارغىنلىق

تىل
يېڭى
ساياھەت
نامەلۇم
دالا

4 - Measurements

ل	چ	س	ا	ن	ت	ى	م	ې	ت	ى	ر	ك	م
ك	ۆ	و	غ	ش	م	م	ې	س	س	ى	ف	ۋ	ڭ
ن	ش	ب	ڭ	د	ك	ى	ل	ڭ	ە	ك	ا	ى	و
ك	ل	ق	غ	ق	س	ك	ن	ۆ	ش	ى	ت	ج	و
س	ژ	و	س	ز	ۇ	ن	ى	ۇ	پ	ل	ى	ۇ	ۆ
د	ب	چ	ۆ	س	د	ر	ن	ل	ت	ز	م	ي	ڭ
ى	ز	غ	ژ	خ	ا	ي	ل	ى	و	ى	ە	ۈ	ر
ل	ى	ت	ى	ر	ر	م	ف	ۇ	ق	گ	س	ك	ف
ە	ي	ا	ك	ف	گ	ي	ك	ت	ق	ې	ر	ڭ	ۆ
ئ	ۇ	ز	ۇ	ن	ل	ۇ	ق	ى	ق	ئ	م	ا	ۈ
ھ	ش	گ	ش	س	د	ز	د	ت	ش	ي	و	د	م
ن	ا	ۇ	خ	ق	ر	ى	ت	ى	م	و	ل	ى	ك
ج	ن	پ	ا	ۇ	ك	ۈ	ۋ	ز	ۋ	ب	ف	و	ز
ا	گ	و	ۋ	ا	ۋ	ې	چ	ى	غ	ۆ	م	ژ	م

سانتىمېتىر
فاتىمە
گرادۇس
چوڭقۇرلۇق
بوي ئېگىزلىكى
كىلوگرام

كىلومىتىر
ئۇزۇنلۇقى
لىتىر
مېسسى
مىنۇت
كەڭلىك

5 - Farm #2

ق ا ۋ ۆ ن ك ە د ر ۆ ئ س چ ئ
و ج غ ا ب ل ا م ا ش ۇ ۋ ت ژ
ي ت پ ھ ت س چ ر ب غ ڭ ۋ س ت
ە ۋ ى چ ە ۋ پ م ى ۋ ۇ ۇ ت ى
ش ۋ ر غ ھ ا د ر ا م ا ل ئ ر
ل ژ گ ش ژ پ ى ي چ ە ڭ ز و ا
ئ خ ق و ھ ش ت ا ت ك ۆ ك ر ك
ا پ ل ق خ ز پ د ۋ ك ھ ئ خ ت
ر ت ا خ ت ڭ ج غ س گ ئ ق ا و
پ ن غ م ق پ ژ ۇ ج پ ق ب ن ر
ا خ ى ۋ پ و ۋ ب ر گ ت ى ر ش
ۋ ر ا ل ن ا ۋ ي ا ھ ە ك م ك
و چ ك ە م چ ى ئ ك ە م ى ي ۆ
پ غ چ ج پ ى ن ۇ ئ ق ا ن و ق

هايۋانلار
ئارپا
قوناق ئۇنى
ئۆردەك
دېھقان
يەمەك-ئىچمەك
مېۋە-چېۋە
سۇغىرىش

لاما
سۈت
ئورخان
قوي
تىراكتور
كۆكتات
بۇغداي
شامالباغ

6 - Books

غ	ش	س	خ	د	ي	ف	ل	ۈ	م	ت	م	ك	ە
ڭ	غ	ز	ب	ك	ك	ى	گ	ي	ي	ە	ۇ	ە	ر
ف	ڭ	ت	ن	ب	ب	ر	ك	ژ	ۇ	ۋ	ن	ش	ې
ي	ك	ە	د	م	ە	ت	غ	ې	م	ە	ا	پ	ي
ج	ن	ي	ۆ	ن	ل	ت	پ	ژ	ۇ	ك	س	ى	ې
و	ش	ى	ۇ	ا	ب	ۋ	چ	ر	ر	ك	ى	ي	ز
ۆ	گ	ر	ئ	م	ج	ۋ	ل	ۋ	ى	ۈ	ۋ	ا	ى
ف	ك	ى	ر	و	ت	پ	ا	ئ	س	ل	ە	ت	ق
ا	ۇ	ئ	ن	ر	ق	ھ	ف	ز	ت	چ	ت	ې	چ
ك	ھ	ې	ر	ن	ي	ۇ	ئ	ج	ى	ى	ل	ې	ە
ە	ى	ش	ې	ئ	ى	ر	غ	ى	ك	ل	ى	ر	چ
ھ	ې	ك	ا	ي	ە	گ	خ	ۇ	پ	ى	ك	ش	ا
ت	و	پ	ل	ا	م	غ	ر	ج	چ	ك	ج	ئ	ۈ
ئ	ا	ر	ق	ا	ك	ۆ	ر	ۈ	ن	ۈ	ش	ۇ	ف

تەۋەككۈلچىلىك
ئاپتورى
توپلام
ئارقا كۆرۈنۈش
يۇمۇرىستىك
كەشپىيات
رومان
بەت
شېئىر
شېئىرىيەت
ئوقۇغۇچ
مۇناسىۋەتلىك
ھېكايە
پېزىقچە

7 - Meditation

ن	ت	ت	ې	ن	چ	ل	ى	ق	ئ	ق	ت	ن	ف
م	ە	ى	ۇ	ل	ە	ز	س	ل	و	و	ە	ۇ	س
ئ	ل	پ	ن	ى	ۋ	ن	ۈ	پ	ي	ب	پ	ق	ۈ
چ	ا	ف	ە	ى	پ	ز	ك	گ	غ	ۇ	ە	ت	ز
ۈ	ھ	د	ا	س	چ	گ	ۈ	ش	ا	ل	ك	ى	ۈ
ي	ي	ب	ە	خ	ل	ل	ت	ج	ن	ق	ك	ئ	ك
ئ	ى	ى	ن	ت	ې	ى	ى	ل	د	ى	ۇ	ى	ل
ك	ھ	ل	ۋ	خ	ل	س	ن	ق	ە	ل	ر	ن	ۈ
گ	و	ن	گ	ل	ج	ە	ھ	ى	ى	ى	ۋ	ە	ك
ق	ر	ۆ	ۆ	س	ش	ئ	ر	ت	ش	ش	ە	ز	ھ
ر	ە	ھ	ى	م	ش	ە	پ	ق	ە	ت	ا	ە	ا
ن	ا	خ	ش	ا	م	ۇ	ز	ى	ك	ا	ۆ	ر	ق
ك	ە	ي	پ	ى	ي	ا	ت	ە	ك	ى	ر	ە	ھ
م	ې	ھ	ر	ى	ب	ا	ن	ل	ى	ق	ش	پ	ئ

قوبۇل قىلىش
ئويغان
نەپەسلىنىش
تىنچلىق
سۈزۈكلۈك
رەھىم-شەپقەت
كەيپىيات
ئادەتلەر

مېھرىبانلىق
روھىي ھالەت
تەپەككۇر
ھەرىكەت
ناخشا-مۇزىكا
تېنچلىق
نۇقتىئىنەزەر
سۈكۈت

8 - Days and Months

ل	ۇ	ئ	ۆ	گ	و	ز	ا	ڭ	ې	ژ	س	ي	د
ق	ق	ب	ۆ	و	ى	ې	ف	ۋ	ە	و	ې	ە	ھ
ھ	ژ	ە	ر	ك	ھ	ئ	گ	ل	م	م	ن	ك	پ
ك	ە	م	ۈ	ج	ت	ن	ھ	ن	ۆ	س	ت	ش	ە
ى	ف	پ	ە	ب	ن	ە	ش	ۈ	د	ە	ە	ە	ي
خ	ئ	ە	ت	ى	ك	ب	ب	ن	غ	ي	ب	ن	ش
ۈ	ر	پ	ا	ە	ۆ	ن	خ	ى	ڭ	ش	ى	ب	ە
ي	ا	ش	ە	ن	ب	ە	ى	ھ	ر	ە	ر	ە	ن
پ	د	ي	ى	ل	ۋ	ش	ر	ا	ۋ	ن	ا	ي	ب
م	ن	ك	خ	ل	ې	ر	پ	ا	ئ	ب	ي	ا	ە
ف	ې	ۋ	ر	ا	ل	ا	چ	د	چ	ە	ۋ	ئ	ۈ
پ	ل	ۇ	ي	ى	ئ	چ	ن	و	ي	ا	ب	ى	ر
ئ	ا	ۋ	غ	ۇ	س	ت	ي	گ	خ	ش	پ	خ	ۈ
ش	ك	ژ	ۈ	ق	م	ا	ر	ت	ۇ	س	ج	ھ	پ

ئاپرېل
ئاۋغۇست
كالېندار
فېۋرال
جۈمە
يانۋار
ئىيۇل
مارت
دۈشەنبە
ئاي

نويابىر
ئۆكتەبىر
شەنبە
سېنتەبىر
يەكشەنبە
پەيشەنبە
سەيشەنبە
چارشەنبە
ھەپتە
يىل

9 - Energy

س	ب	ي	ك	ج	ھ	ى	د	ر	و	گ	ې	ن	خ
ا	ې	چ	ل	ا	م	ا	ش	ش	م	ۇ	ھ	ى	ت
ھ	ن	گ	ە	ن	ر	ت	ڭ	ۈ	ن	ئ	د	ك	ې
ە	ز	ۋ	ي	ن	ئ	ب	ن	ك	ۆ	ە	ۇ	ف	چ
ئ	ى	ل	ې	ز	ى	د	و	ى	ھ	ت	و	ك	پ
ۋ	ن	د	ر	ۆ	س	ت	ل	ن	ە	ڭ	ر	ۈ	ل
ق	ۇ	ي	ا	ش	س	ي	غ	ك	س	ف	د	ن	ل
ي	ئ	ۈ	ت	گ	ى	م	ې	چ	غ	ھ	ا	گ	م
ې	ن	ى	ا	ش	ق	م	و	ق	ە	غ	ي	ن	ز
ن	س	ا	ب	س	ل	گ	ۆ	ت	ى	ش	خ	ز	ش
د	غ	ې	ش	چ	ى	ۈ	ي	ق	و	ل	ق	ڭ	ق
ف	ر	ۇ	ھ	خ	ق	ق	ئ	ت	ج	ر	غ	ج	ژ
ب	ۇ	ل	غ	ى	ن	ى	ش	ې	غ	ڭ	ۆ	ۇ	ا
ئ	ې	ل	ې	ك	ت	ر	و	ن	غ	ز	ن	ش	ز

باتارېيە
كاربون
دىزېل
توك
ئېلېكترون
موتور
مۇھىت
يېقىلغۇ

بېنزىن
ئىسسىقلىق
ھىدروگېن
ساھە
يادرو
بۇلغىنىش
قۇياش
شامال

10 - Chess

پ ژ ف ق ج ۇ چ ۇ ھ ۇ ه ۇ س ب
ي ق ا ئ ى د ى ل ه ر ش ج ژ ن
س ر ژ ژ ن ق م ئ ب ن ۇ ي و ئ
ا ش ا غ ك ق پ ب ې ژ س ج ي ن
ي ك ه ئ و د ى ئ ا گ و ن ۇ ز
ج ى ا ي خ خ ي ۈ ۋ ل ن ر گ ن
ب و غ گ ت م ۇ س ا ب ى ق ه پ
ۆ ۇ ش ۇ ا س ن ب ھ ۋ ب چ پ ۇ
چ ت ب ۈ د ب ھ خ ا ن ى ش ر ت
ڭ ۈ ژ ت ا د ج ق ش ۇ ق ي ب ش
ۆ د ا ي م ت ت ن ى ۈ ه ۇ ب ھ
ى پ ا س س ى پ س د ى ر ڭ ك ت
ھ ج ش د د ق ا ئ ا س غ گ ۇ س
ڭ غ و ا ت ق و ۇ پ ى ۋ ت ش ڭ

قارا
چىمپىيۇن
مۇسابىقە
دىئاگونۇز
ئويۇن
پادىشاھ
رەقىبى
پاسسىپ
قويغۇچ
خانىش
قائىدىلەر
ۋاقتىدا
ئاق

11 - Archeology

ت ژ ا د ن ا م و ك ج ۆ پ غ م
ە م ۇ ت ە خ ە س ى س ت ر ت ە
ھ ۋ غ و خ گ گ س ق ە ب ر ە د
ل ا ق ۆ ك ز ى م د و ج ل ت ە
ى ۇ ۆ ش ژ م ن ج د چ ز پ ق ن
ل پ ۋ ف ل م ۇ ل ە م ا ن ى ى
ز ك م ا ز ئ ۇ س ئ پ پ چ ق ي
ك ە ر ې ق ە ى ن ە ئ ق ت ا ل
ې ك ئ ى گ ر ڭ ق ۋ ي ا ل ت ى
ر م ك ڭ س ج ھ ف ل ي ق ر چ ك
گ ئ ى ۇ ت ا ش ق ا ت م ا ى ۋ
غ گ ب چ ك ر ر ې د ھ ۋ ل ش ي
ژ ا ب چ ي ش ا ل ا ھ ا ب ل ز
ت ئ ج چ ڭ ر و غ ر ا ە ن ې ا

تەھلىل
مەدەنىيلىك
ئەۋلاد
باھالاش
مۇتەخەسسىس
تاشقاتما
سىر-سۇبات

جىسىملار
تەتقىقاتچى
كوماندا
ت ر ت
قەبرە
نامەلۇم

12 - Food #2

ت	و	خ	ۇ	گ	ۆ	ش	ى	و	ا	چ	چ	ئ	ئ
ب	و	ل	ك	ا	ھ	م	ج	ف	ف	ڭ	ى	ا	ۆ
ش	ل	ر	د	ل	ن	و	ر	ۇ	ز	ا	ڭ	ل	ر
گ	ا	خ	ف	ي	ا	د	غ	ۇ	ب	س	س	م	ۈ
ر	ۈ	ك	د	غ	ن	ش	و	خ	ل	ا	ە	ا	ك
ۈ	ڭ	ر	ى	ى	ا	ر	ف	ك	ۇ	ن	ي	ش	م
ل	ر	ى	ۈ	ل	ب	م	ې	ى	ت	ا	خ	ى	ې
ڭ	ق	ك	خ	چ	ا	ت	ۈ	چ	پ	ن	ش	ر	غ
ئ	ۈ	ز	ۈ	م	ت	ت	ژ	م	ا	ا	ب	ك	ى
ل	ن	گ	و	ۇ	ل	ا	ي	ى	ش	ئ	ې	ى	ز
ڭ	ې	و	ن	خ	ئ	ب	م	ر	خ	ۆ	ل	ت	ى
د	ر	ت	ن	ۇ	گ	و	م	ى	ۋ	ھ	ى	ى	ې
گ	ك	د	ئ	ت	خ	ت	غ	ئ	ق	پ	ق	ي	د
پ	ې	د	ى	گ	ە	ن	ن	چ	ق	ى	ت	ې	ق

ئۆرۈك مېغىزى
ئالما شىركىتى
بانان
بولكا
چېڭسەي
ئىرىمچىك
نورۇز
تۇخۇ گۆشى
شاكىلات
تۇخۇم
پېدىگەن
بېلىق
ئۈزۈم
موگۇ
شاپتۇل
ئاناناس
گۈرۈچ تامىقى
شوخلا
بۇغداي
قېتىق

13 - Chemistry

ت	ې	ە	چ	گ	ژ	ش	ھ	ب	ق	ا	س	ۋ	پ
ز	ژ	ۆ	غ	ا	ش	ى	ا	ت	ا	ل	س	ى	ك
ئ	م	ژ	ج	ز	د	خ	و	ھ	ە	ۇ	ى	ئ	ئ
ا	خ	ل	و	ر	م	ا	ب	ە	پ	ك	ئ	ى	ى
ت	چ	ز	و	چ	م	س	ج	چ	گ	ې	م	س	ن
و	ۈ	گ	ا	ئ	ۋ	ل	ۇ	ۈ	ل	ل	خ	س	ك
م	ې	ئ	ي	ۋ	چ	ى	ب	ې	ۈ	و	ۆ	ى	ا
ن	ژ	و	ا	ھ	ز	ق	ك	ئ	ۇ	م	ي	ق	س
و	ژ	ك	د	ۆ	س	ت	ۇ	ز	ى	ا	خ	ل	ب
ب	ۆ	س	ر	ئ	ر	ئ	و	ر	گ	ا	ن	ى	ك
ر	ڭ	ى	و	و	ا	غ	ڭ	ڭ	ق	ب	ن	ق	ن
ا	ر	گ	ن	ر	ا	ل	ل	ا	ت	ې	م	ن	و
ك	ۇ	ې	ر	ا	ل	ت	ن	ې	م	ې	ل	ې	ئ
ۆ	ش	ن	ش	م	ۈ	ق	ۇ	ل	ق	ۇ	ي	ۇ	س

كىسلاتا
ئاتوم
كاربون
خلور
ئېلېكترون
ئېلېمېنتلار
گاز
ئىسسىقلىق
ھىدروگېن

سۇيۇقلۇق
مېتاللار
مولېكۇلا
يادرو
ئورگانىك
ئوكسىگېن
خاسلىق
ئىنكاس
تۇز

14 - Music

ۆ	ئ	پ	ۈ	ا	ژ	ا	ئ	ى	و	پ	ۇ	ڭ	ش
ف	ى	ب	ە	ب	ژ	پ	ا	م	ي	ۋ	ل	ر	ې
ي	ن	ۋ	ې	س	ق	ى	ل	ز	ا	ۋ	ا	ئ	ئ
ك	ا	ڭ	ج	پ	چ	ھ	ب	ې	ۋ	ژ	ش	س	ى
ت	ق	ې	پ	ك	ى	ن	و	م	ر	ا	گ	گ	ر
پ	ل	د	م	چ	ج	ئ	م	ن	ە	ز	ە	ئ	ى
م	ى	ن	ى	پ	ل	و	چ	ا	ش	خ	ا	ن	ي
ۇ	ق	خ	ن	ا	خ	ش	ا	ئ	ې	ي	ت	ى	ش
ز	ۆ	و	ئ	ۈ	ن	ئ	ې	ل	ى	ش	ۋ	ۇ	ق
ى	ز	ر	ۋ	م	ې	ل	و	د	ى	ي	ە	ك	ن
ك	گ	ې	م	ى	ك	ر	و	ف	و	ن	ۋ	پ	د
ا	ر	ى	ت	ى	م	ل	ى	ق	ن	ئ	ق	ە	ك
ن	ن	ك	گ	ي	ن	ئ	ۇ	ش	ۆ	ب	ۈ	ې	غ
ت	ئ	د	غ	ۈ	و	ي	ف	ر	ى	ت	ى	م	ك

ئالبوم
خور
گارمونىك
ئىناقلىق
مېلودىيە
مىكروفون
مۇزىكانت

شېئىرىي
ئۈن ئېلىش
رىتىم
رىتىملىق
ناخشا ئېيتىش
ناخشا چولپىنى
ئاۋازلىق

15 - Family

ج	ق	س	ا	ت	ا	ئ	پ	ۆ	ش	ج	ئ	ن	ب
ژ	ي	ھ	ك	ل	ۆ	ز	ت	ر	د	ى	ك	ه	ا
ه	ى	ڭ	ۇ	ي	ا	ئ	ت	ئ	ت	ي	ژ	ۋ	ل
ئ	ئ	ن	ئ	ژ	و	ب	ڭ	ي	گ	ه	ى	ر	ى
ت	ا	ك	ا	ئ	ه	ر	ۋ	ه	ن	ن	ۆ	ۇ	ل
ا	ۋ	ن	ك	ۉ	ه	ا	ب	ڭ	ئ	ى	ې	ز	ى
غ	ه	ى	ا	ى	ز	ى	ق	ن	ه	ي	ى	ج	ق
ا	ن	ر	ئ	ھ	ئ	خ	ژ	پ	ج	ڭ	گ	ۋ	د
م	و	م	ا	ۇ	ئ	ھ	ې	ۋ	د	ڭ	ن	خ	ه
ا	ۋ	ق	ق	ل	ى	ڭ	ى	س	ا	چ	ا	ئ	ۋ
م	پ	پ	ب	ك	ى	ز	ى	ق	د	ج	ۋ	گ	ر
م	پ	ھ	ا	ې	ۉ	ل	ب	و	ۋ	ى	س	ى	ى
ا	ج	ج	چ	م	ى	ن	ا	خ	ن	ۇ	ت	و	خ
ھ	چ	ژ	ئ	ې	ر	ى	ر	ب	ل	ت	ل	ت	ې

ئەجداد
ھاممام
ئاكا- ئۇكا
بالا
باللىق دەۋرى
باللار
نەۋرە ئاكا
قىزى
ئاتا
نەۋائىي

بوۋىسى
موما
نەۋرۇز
ئېرى
ئانا
جىيەنى
جىيەن قىزى
ئاچا-سىڭىل
تاغا
خوتۇن-خانىم

16 - Farm #1

س	ۈ	ئ	ف	ت	ئ	ە	ا	ئ	م	گ	ج	ە	ت
ى	ھ	ى	ۆ	و	و	ۈ	ز	پ	ا	ق	چ	ق	ڭ
ق	ش	ت	ر	خ	غ	ل	ۈ	ژ	ك	ت	ق	ە	د
ى	ۈ	غ	ڭ	ۇ	ۇ	ق	ۆ	گ	ت	ئ	ا	ب	ن
م	ر	ي	د	گ	ت	غ	ت	ك	ا	گ	ئ	ى	ە
ا	ۈ	ن	ر	ۆ	ك	ھ	ك	ن	ش	ۈ	ۆ	س	و
ت	چ	ش	ۆ	ش	ا	ئ	ە	ى	ى	ر	چ	ف	ژ
چ	ۆ	ھ	ۈ	ى	ل	ژ	ش	ر	ر	ج	ك	ب	م
ۈ	ز	ك	د	ك	ا	ت	ې	ى	ە	ە	ە	س	ف
ر	ا	ل	ق	ۇ	ر	ۇ	ئ	ش	و	ك	ۈ	ۇ	غ
ۈ	ب	ك	ق	ە	ۈ	ن	ا	ۆ	ا	ل	ا	د	ل
گ	ق	و	ي	پ	ا	د	ى	س	ى	ە	ر	ر	ك
ي	ج	ې	ز	ۆ	ن	ى	م	ې	ز	ر	ە	ي	ج
و	ي	ې	ز	ا	ئ	ى	گ	ى	ل	ى	ك	ى	ش

يېزا ئىگىلىكى
ھەرە
مۈشۈك
توخۇ گۆشى
كالا
ئىت
ئېشەك
رىشاتكا
ئوغۇت
دالا

قوي پادىسى
ئۆچكە
شىرىن
ئات
يەر-زېمىن
گۈرۈچ تامىقى
ئۇرۇقلار
گۈرجەكلەر
سۇ

17 - Camping

ھ	ا	ي	ۋ	ا	ن	ل	ا	ر	ل	چ	ۆ	ژ	ڭ
ج	ش	ا	ل	ۋ	و	ئ	ۋ	و	ئ	چ	س	ج	ۉ
س	ۆ	و	غ	ۇ	ق	د	ا	ژ	ن	ت	پ	ت	ك
ئ	ن	س	ب	غ	ۋ	ې	ە	ر	ۉ	ا	ئ	ە	و
و	ا	و	ي	ى	چ	م	غ	ر	غ	غ	ل	ھ	م
ر	ې	ۋ	ۇ	ن	ج	ى	ز	ى	ە	ا	ا	ش	پ
م	ق	ب	ژ	چ	ې	د	ى	ر	م	خ	م	ن	ا
ا	ە	س	و	ە	ب	گ	گ	م	ۉ	ق	ل	چ	س
ن	ې	ڭ	ڭ	ت	ف	د	ز	ى	ڭ	م	م	ە	ا
ە	ر	ۋ	پ	ى	چ	م	ۉ	ل	ۆ	ب	و	ت	ر
ھ	ا	ش	ا	ر	ا	ت	ڭ	ۆ	ئ	و	گ	ز	ھ
ز	ئ	پ	غ	ە	ۆ	گ	ژ	ك	ر	ا	ز	ى	ۋ
ې	ڭ	ي	ا	خ	ې	س	ر	ە	س	د	ي	د	ھ
ت	ە	ۋ	ە	ك	ك	ۉ	ل	چ	ى	ل	ى	ك	ب

تەۋەككۉلچىلىك
ھايۋانلار
بۆلۉمچى
كومپاس
ئورمان
ئوۋ ئوۋلاش
ھاشارات

كۆل
خەرىتە
ئاي
تاغ
ئارغامچا
چېدىر
دەرەخلەر

18 - Algebra

د	ج	ئ	ق	ر	و	ت	ھ	ل	ك	و	厅	ۇ	ئ
م	ى	د	ا	ن	خ	ب	ت	د	گ	ر	聆	ى	ۆ
ە	ن	ئ	ن	م	ن	ت	ە	ڭ	ل	ى	م	ە	ز
س	ت	م	ا	ق	ى	پ	چ	ە	ك	س	ى	ز	گ
ى	ە	ا	س	گ	س	ل	ف	ن	ى	ر	ش	ك	ى
ل	ە	ر	ە	غ	ر	ي	ې	ر	ھ	ا	ا	ز	ر
ە	ى	ر	خ	غ	گ	ا	ا	ش	چ	ك	ۇ	ر	ى
ج	ق	ئ	غ	و	پ	ب	م	ل	و	ھ	ى	ب	ش
ن	ز	ى	ە	خ	و	م	ا	م	غ	د	ئ	ۋ	چ
ە	چ	ۇ	ۋ	ې	ف	گ	ۋ	چ	ا	ا	ف	د	ا
ن	ۆ	ل	ې	ڭ	م	ت	ۇ	ل	گ	خ	ن	د	ن
ش	خ	ۋ	ق	ن	ك	ك	ە	س	ى	ر	س	ف	پ
ي	چ	ۋ	گ	ن	ن	ر	ى	ڭ	ۋ	ا	ف	ۋ	ب
ا	ق	م	گ	ق	غ	ئ	ن	ك	ڭ	گ	د	گ	ر

دىئاگرامما
تەڭلىمە
ئامىل
يالغان
كەسىر
چەكسىز
سان
厅聆
مەسىلە
ئۆزگىرىشچان
نۆل

19 - Numbers

ب	غ	ئ	س	س	ڭ	ئ	ۈ	چ	ۆ	س	ج	ب	ب
ك	ە	ڭ	ۋ	ە	م	ى	ت	ا	ف	چ	ى	ئ	ق
ئ	ژ	ش	ل	ك	چ	ت	چ	ب	خ	ك	ق	و	ش
ئ	و	ئ	ۈ	ك	ڭ	ژ	ا	ژ	ل	خ	م	ن	ې
ك	چ	ن	غ	ى	ك	ك	ى	ئ	ب	ۆ	ې	س	ى
ي	گ	ت	ئ	ز	ئ	و	ن	ي	ە	ت	ت	ە	ب
ې	د	ى	چ	ا	ي	چ	ك	ل	ل	ۆ	ك	ې	ى
ز	گ	ڭ	ۈ	ۈ	ل	ە	س	ب	چ	ت	ڭ	ش	ر
ئ	و	ن	ب	ە	ش	ت	ت	ز	م	ن	ت	ب	ت
ب	ئ	ڭ	ن	ۆ	ل	ك	ى	ت	ئ	و	ۆ	ۈ	ق
ئ	و	ن	ئ	ۈ	چ	س	ف	ن	ى	ئ	ت	ڭ	د
ق	چ	ت	ر	ت	پ	ز	د	پ	چ	ن	ۆ	س	ز
ت	و	ق	ق	ۇ	ز	ۆ	ۇ	ك	ل	ى	چ	ھ	ې
ئ	و	ن	ت	و	ق	ق	ۇ	ز	ق	ھ	ۋ	ى	ۈ

فاتىمە
سەككىز
ئون بەش
بەش
تۆت
ئون تۆت
توققۇز
ئون توققۇز
بىر

يەتتىنچى
ئون يەتتە
ئون ئالتىنچى
ئون
ئون ئۈچ
ئۈچ
ئىككى
نۆل

20 - Mammals

ش گ س ۋ ق ج و ۇ غ ۇ س ە ى ۇ
د م ژ ژ ل س ر ڭ د س گ ى م ئ
گ گ ن ە ۇ ۋ ف ت د ئ س ژ ر ر
ش ك ۋ م ۈ ش ۈ ك ى ت ئ ش ھ ت
ە ب ئ خ ن ۇ م ي ا م ل ر ف ا
غ م ى ز ە ې چ ئ ى ۇ ۇ ت ل ق
پ ا ت ى ك و ڭ ۋ ي ھ ن ۆ ۈ ە
ئ گ و ر ل ا ل ۇ و ش و گ م د
ي د ت ا ۈ ق ې ر ق ى ج ە ې ن
پ ھ و پ ت ۇ ى ۇ ب ر ق ل ژ ې
ژ ب ش ە س ب ن گ ف ق ف پ ش ۋ
ب ۆ ق ت ق د ۈ ن چ ى ق ل ى پ
گ ر ا چ ۇ ي ج ې ن ق ى ي ې ئ
ل ە ن ز د ب ئ ڭ ز ى پ ل ى ي

ئېيىق
قۇندۇز
بۇقا
تۆگە
مۈشۈك
يىلپىز
ئىت
دېلفىن
پىل
تۈلكە

زىراپە
گورىلا
ئات
كېنگۇرۇ
شىر
مايمۇن
توشقان
قوي
كىت
بۆرە

21 - Restaurant #1

ي	ۋ	ۇ	ژ	چ	ۆ	ۈ	غ	ڭ	ل	ل	گ	پ	م
ە	ى	ھ	پ	پ	ۇ	ا	ش	ژ	ۆ	ھ	ى	م	س
ە	ش	م	ۈ	ر	ۈ	ت	ق	ى	ل	ت	ا	ت	ر
و	ۆ	ى	ە	ق	ە	ھ	ۋ	ە	ۋ	ە	پ	ق	م
ف	گ	ز	ۇ	ك	ې	ج	د	ۇ	ۇ	خ	ل	ا	ئ
ې	ۇ	ا	ۈ	ى	ئ	丌	ق	ۋ	ۋ	د	و	چ	ا
ت	خ	ل	م	ل	ئ	ى	ا	گ	گ	ۆ	ش	ا	ش
ئ	و	ۇ	ن	م	ۋ	ك	چ	ى	ز	ە	ن	ق	خ
ب	ت	م	گ	ى	ب	ې	ى	م	ب	خ	ت	ۇ	ا
ن	و	ت	غ	ز	ى	ل	پ	ە	ە	پ	ۇ	ت	ن
ۋ	ج	ل	غ	ى	ژ	ۈ	ز	ۋ	ش	ك	ل	ا	ا
پ	ق	خ	ك	ت	ر	ې	ئ	ا	ك	س	ى	ي	ە
ۆ	ئ	ش	چ	ا	ي	ا	ش	ا	گ	م	د	ج	ۇ
ن	گ	ئ	ا	چ	چ	ى	ق	چ	ۈ	چ	ۈ	ك	م

رېئاكسىيە
قاچا-قۇتا
بولكا
توخۇ گۆشى
قەھۋە
تاتلىق تۈرۈم
يىمەك-ئىچمەك

ئاشخانا
پىچاق
گۆش
تىزىملىك
ئاچچىق-چۈچۈك
مۇلازىم

22 - Bees

ە	د	خ	ۋ	خ	گ	ۈ	ل	ل	ە	ر	ھ	ي	گ
ى	ب	م	ە	ا	و	ن	ف	ي	ق	ق	ا	ى	ب
ق	پ	ژ	غ	ن	ى	ر	ى	ش	ۇ	ا	ش	م	ا
ل	ئ	ي	م	ى	ژ	خ	ژ	ە	ي	ن	ا	ە	غ
ك	و	ز	ە	ش	ە	ز	ھ	ش	ا	ا	ر	ك	ۋ
ك	ۆ	پ	خ	ى	ل	ل	ى	ق	ش	ت	ا	ئ	ە
ە	خ	م	د	ك	ق	ۈ	ھ	ئ	ي	ل	ت	ى	ن
ت	ې	ۈ	ھ	ژ	ى	ژ	گ	ف	ا	ا	س	چ	چ
ۈ	گ	ۈ	ل	چ	ې	ڭ	ى	ن	ق	ر	پ	م	ى
ت	پ	ا	ي	د	ى	ل	ى	ق	ە	ۆ	چ	ە	ل
س	ب	ت	ە	ۋ	ى	چ	ە	ۋ	ې	م	ج	ك	ى
ى	خ	ۇ	ھ	ۇ	م	ف	ژ	ك	ا	ۋ	ى	ت	ك
ئ	ئ	ۆ	س	ۈ	م	ل	ۈ	ك	ل	ە	ر	چ	ل
ە	ت	ا	ۋ	پ	ژ	ې	ۇ	س	ژ	ا	ڭ	گ	د

پايدىلىق
چېمەنگۈل
كۆپ خىللىق
گۈللەر
يېمەك-ئىچمەك
مېۋە-چېۋە
باغۋەنچىلىك
شىرنە
ھاشارات
ئۆسۈملۈكلەر
گۈل چېڭى
خانىش
ئىس-تۈتەك
قۇياش
قاناتلار

23 - Photography

ق	ا	ر	ا	ڭ	غ	ۇ	ل	ۇ	ق	ل	س	ب	ل
ڭ	م	م	ك	ن	و	و	چ	ۋ	د	م	ا	گ	ا
ې	ل	چ	پ	ۇ	ق	ن	پ	م	ۇ	ئ	ي	ن	ي
غ	ۇ	م	ە	ق	ي	ا	ۈ	ك	م	ت	ە	ې	ى
ا	ق	ل	س	ت	ا	ئ	ك	ا	م	ې	ر	ا	ق
ب	و	ى	ب	ى	ۇ	ې	خ	م	ز	ر	ۆ	پ	ل
ش	ت	ل	ك	ئ	ر	ن	ز	ر	ا	ت	ژ	ش	ا
ۇ	پ	گ	گ	ى	ە	ى	ت	ۇ	ى	ر	ف	ڭ	ش
ت	ې	م	ا	ن	ڭ	ق	م	ت	ز	و	و	ش	ت
ۇ	غ	ې	ب	ە	و	ل	ي	ش	د	پ	ر	ە	ۇ
ر	ھ	چ	ن	ز	چ	ى	گ	ى	ب	ڭ	م	ې	ر
و	خ	ئ	چ	ە	م	م	ا	ل	ف	خ	ا	ۋ	ۇ
ي	ە	م	ھ	ر	س	ا	ې	ې	ئ	خ	ت	گ	ش
خ	ت	چ	ۈ	ئ	ي	ف	غ	س	ق	ا	ر	ا	ي

قارا
كامېرا
رەڭ
سېلىشتۇرما
قاراڭغۇلۇق
ئېنىقلىما
فورمات
رامكا

يورۇتۇش
لايىقلاشتۇرۇش
نۇقتىئىنەزەر
پورترېت
سايە
تېما
توقۇلما

24 - Sports

ت	ب	ق	ش	ش	ڭ	ي	ې	گ	ۋ	ت	ە	ف	ۋ
ھ	ە	ق	غ	ل	ڭ	ھ	ش	و	ا	ې	گ	د	ې
ئ	ە	ن	ۋ	م	ف	ج	م	ل	س	ن	ى	ئ	ل
ۋ	ئ	ر	ھ	ت	ل	و	د	ف	ك	ن	م	و	ى
ر	ن	ې	ى	ە	و	پ	پ	ت	ې	ى	ن	ي	س
ن	ج	ن	ھ	ك	ر	ژ	و	و	ت	س	ا	ۇ	ى
د	گ	ې	ل	ك	ە	ى	ت	پ	ب	ت	س	ن	پ
ۇ	م	ر	ف	س	غ	ت	ك	ب	و	و	ت	ك	ى
ڭ	ي	ت	ئ	ى	خ	ۆ	ە	ە	ل	پ	ى	و	ت
ق	و	ي	غ	ۇ	چ	پ	ت	م	ت	ف	ك	م	ز
ر	ې	پ	ى	ر	ۆ	م	ل	ھ	چ	چ	ا	ا	م
س	ڭ	ج	ئ	غ	ش	ۆ	ا	ژ	ق	پ	ى	ن	د
ش	د	د	ر	ە	ت	ب	ك	ز	گ	ۈ	چ	د	ە
چ	ى	م	پ	ى	ي	ۇ	ن	ل	ۇ	ق	ۇ	ا	ش

تەنھەرىكەتچى
كالتەك توپ
ۋاسكېتبول
ۋېلىسىپىت
چىمپىيۇنلۇق
ترېنېر
ئويۇن

گولف توپ
گىمناستىكا
ھەرىكەت
قويغۇچ
رېپىر
كوماندا
تېننىس توپ

25 - Adventure

ي	ۋ	ز	گ	س	م	ې	غ	ش	ز	ر	پ	ت	و
و	ھ	خ	ۈ	ە	ە	ڭ	ژ	ە	ك	ا	ا	ن	ھ
ل	ۈ	ى	ز	ي	م	ە	ن	ز	ى	ل	ئ	ن	ە
ب	گ	ز	ە	ي	ر	ج	م	ۇ	ل	ت	ا	ت	ۋ
ا	ڭ	گ	ل	ا	ې	ى	غ	ە	ر	س	ل	ب	ا
ش	ك	ە	ل	ر	پ	ژ	ئ	چ	ە	و	ى	ى	ھ
ل	چ	ا	ى	ە	چ	ۈ	ۆ	غ	ت	د	ي	ن	ھ
ى	ز	د	ك	ى	ل	ر	ە	ت	ە	خ	ە	و	م
غ	ي	ې	ڭ	ى	م	ج	پ	ن	خ	پ	ت	ر	گ
ۇ	ب	ى	ل	و	ۇ	ۈ	چ	ي	ى	ش	ا	م	ە
چ	د	ى	ۋ	ە	ھ	ي	ش	ب	ب	ن	ڭ	ا	ل
ى	گ	ى	ل	م	م	ې	ا	ك	ۈ	چ	گ	ل	غ
ت	ە	ي	ي	ا	ر	ل	ى	ق	ۈ	چ	ا	ۇ	ز
ش	ا	د	ل	ى	ق	ج	ج	س	ە	ل	ق	و	ھ

پائالىيەت
گۈزەللىك
خەتەرلىك
مەنزىل
مۈشكۈل
سەييارە
دوستلار

شادلىق
يول باشلىغۇچى
يېڭى
تەييارلىق
بىخەتەرلىك
بىنورمال

26 - Sport

ت	ە	ن	ھ	ە	ر	ى	ك	ە	ت	چ	ى	س	ئ
س	د	خ	پ	ي	ژ	ژ	خ	غ	ھ	ۋ	ە	ا	و
م	ۇ	س	ك	ۇ	ل	ل	ا	ر	گ	پ	ت	غ	ز
ت	ي	ې	م	ە	ك	ئ	ى	چ	م	ە	ك	ل	ۇ
ت	ە	ۋ	ۋ	ۇ	ق	چ	ۆ	ك	ك	م	ە	ا	ق
ز	ڭ	ن	پ	ا	ۋ	ە	ت	ۋ	ق	ې	چ	م	ل
ا	ت	ز	ت	م	ج	ف	س	ت	ى	ت	ڭ	ل	ۇ
غ	ر	م	ت	ە	ب	ە	د	ە	ن	ا	و	ى	ق
ت	ا	م	م	ا	ر	گ	و	ر	پ	ب	چ	ق	ۋ
ز	ر	ڭ	غ	ە	ب	ب	ز	ئ	ۈ	و	ڭ	غ	ل
ژ	ا	ې	ر	ئ	ج	ۈ	ى	ج	ۋ	ل	ە	ك	ي
ج	د	ف	ن	ھ	ل	م	ي	ي	ە	ى	ئ	م	و
غ	ە	و	ي	ې	ي	ە	ا	پ	ە	ز	ڭ	ج	و
ئ	ۇ	ۋ	م	ز	ر	پ	ۆ	ف	ي	م	ك	و	د

تەنھەرىكەتچى
بەدەن
ترېنېر
يېمەك-ئىچمەك
ساغلاملىق
ئەڭ چوڭ چەكتە

مېتابولىزم
مۇسكۇللار
ئوزۇقلۇق
پروگرامما
تەنتەربىيە
كۆچ-قۇۋۋەت

27 - Circus

ت	ئ	چ	ك	ف	ې	چ	ج	ت	ۆ	ر	ھ	ن	ق
ا	ب	ى	ى	ش	ي	گ	ۋ	ر	ت	ا	ر	ا	پ
م	ت	ژ	ي	ى	گ	غ	خ	ۇ	ۇ	ل	ى	خ	ۆ
ا	و	ل	ى	ر	ى	گ	ق	س	م	ن	د	ش	ا
ش	ن	ۇ	م	ي	ا	م	ل	ن	ا	ا	ې	ا	م
ى	ر	ى	ك	ى	م	ە	ل	ى	ھ	ۋ	چ	م	ژ
ب	ر	ج	ې	ھ	پ	خ	م	ق	ر	ي	م	ۇ	ب
ى	ا	ۆ	چ	ش	ژ	چ	ې	ژ	ى	ا	ۋ	ز	گ
ن	ې	ت	ە	س	ر	ۆ	ك	ف	ھ	ھ	ۆ	ى	م
ل	د	ك	ك	ە	پ	و	ق	م	ا	ۋ	ف	ك	م
ا	ج	م	ي	خ	م	ى	خ	ە	ت	ئ	ۋ	ا	پ
ر	ش	ا	ر	ل	ا	ر	ل	ف	ى	ج	ش	س	ى
س	ب	س	ف	ز	ە	ي	و	ل	ۋ	ا	س	ت	ا
ك	ل	ش	ز	ر	ج	ئ	ل	پ	س	ا	ا	ز	ز

ھايۋانلار
شارلار
كىيىم-كېچەك
پىل
شىر
تاھىر ھامۇت
مايمۇن

ناخشا-مۇزىكا
پارات
كۆرسەت
تاماشىبىنلار
چېدىر
يولۋاس
ھىلە-مىكىر

28 - Restaurant #2

ھ	ت	ي	ت	ف	ز	ھ	خ	ن	س	س	ز	م	ت
ۋ	ھ	ە	ى	ج	ق	ۇ	ژ	ي	ئ	ف	ە	و	ې
ئ	ت	گ	ژ	ر	ا	ل	ت	ا	ت	ك	ۆ	ك	ت
ت	و	ر	ت	ھ	م	ى	ز	ا	ل	ۇ	م	ى	ى
ب	گ	ب	ھ	ھ	ا	ل	ا	س	س	ك	ې	ل	ت
ە	ت	ې	چ	ش	ت	ر	پ	ل	ا	ز	م	ى	ق
د	ۈ	ل	غ	ك	ك	ې	ر	ژ	ل	ە	ڭ	ز	ۇ
ق	ق	ى	گ	ت	ى	ش	و	ئ	ژ	ل	ۈ	ز	ل
س	ل	ق	گ	ل	ل	ف	ش	د	ۈ	ت	ۆ	ە	ا
ق	ب	گ	غ	ا	چ	ە	ا	س	ش	ك	ق	م	ر
و	ۇ	ن	ۋ	ۈ	ە	گ	غ	ا	ۇ	ز	س	ۇ	ى
ش	پ	ۆ	ش	ق	ك	ق	ت	م	غ	ۇ	ۋ	ې	ۋ
ۇ	ئ	و	ر	ۇ	ن	د	ۇ	ق	ە	ل	ج	ر	ا
ق	م	ې	ۋ	ە	چ	ى	ۋ	ە	پ	ن	ۋ	خ	ي

تورت
ئورۇندۇق
مەزىلىك
كەچلىك تاماق
بېلىق
مېۋە-چېۋە
لەغمەن
سالاھ

تۇز
شورپا
تېتىتقۇلار
قوشۇق
كۆكتاتلار
مۇلازىم
سۇ

29 - Geology

ي د م ۆ ى ئ ې گ ى ز ل ى ك ش
ل ە ي م غ ر س ن ھ ز گ ى ە ە
ك ۋ ۆ و ا ف ش ڭ ك ا س ە ل ل
ھ ر ى ر ت ۇ ۋ ۈ ژ ل ۆ ە د ۋ
ي ى ك ى ر ى س ت ا ل ق م ې ە
ە ي ژ ن ا ې خ ت م ى م گ ر ر
ر ل گ گ ن ك ا ل ت س ى ي ق ە
ت ى ي ا ا گ ز ئ ا ك ق و ە ش
ە ك ى چ ي ق ە ب ق ە ۋ ە ت ا
ۋ ڭ ل ز ت ل ت ف ش ى ف ې ۇ ژ
ر د ش پ ا ت ل ر ا ي و ن ز ر
ە ى ە ۋ ك ا ل ژ ت ج س ل ق ز
ش پ ا و ي ش غ ن ي غ گ چ ى ھ
ر ن ت چ م گ ف ى د چ ا م ھ ج

كىسلاتا
كالتسىي
قىتئە
كرىستال
دەۋرىيلىك
يەر تەۋرەش
شەلۋەرەش
تاشقاتما

لاۋا
قەۋەت
مورىنگا
ئېگىزلىك
تۇز
تاش
يانار تاغ
رايون

30 - House

خ	ئ	م	ۆ	ز	ق	ب	ھ	د	ى	ي	ك	ي	س
ت	ڭ	ز	ش	م	ر	ە	ل	ى	د	ر	ە	پ	ۈ
ى	ا	ھ	ا	ۇ	ى	ۆ	ۋ	ھ	ز	ئ	ز	ك	پ
ر	ر	ى	ش	ا	ت	ك	ا	ە	ز	ا	گ	ە	ۈ
ى	پ	خ	خ	س	ن	س	ن	ن	ت	ش	ۆ	ۈ	ر
ل	ا	م	پ	ۇ	چ	ك	ا	ك	د	خ	ئ	د	گ
ز	ن	و	غ	ر	ي	ى	ە	ە	ا	ا	ۈ	د	ە
ا	ا	ڭ	ە	و	خ	ش	خ	ن	ا	ن	ژ	ف	خ
ھ	خ	ب	ئ	ت	خ	ى	ڭ	ز	ي	ا	د	ل	ي
ا	پ	ى	ۆ	ئ	م	ئ	ت	ۆ	ك	ە	ت	ا	م
ج	ۇ	ت	ي	ت	ر	ق	چ	ك	ھ	ھ	ئ	د	ك
ي	ت	ن	چ	پ	ە	ل	ە	م	پ	ە	ي	ج	ن
ۆ	ۇ	غ	ي	ۇ	ق	ز	خ	ي	ا	و	پ	ئ	م
ئ	ك	ب	ا	غ	ۋ	ە	ن	چ	ى	ل	ى	ك	ش

سۈپۈرگە
تورۇس
پەردىلەر
ئىشىك
رىشاتكا
قەۋەت
ئۆي جاھازلىرى
باغۋەنچىلىك
ئاشخانا

لامپۇچكا
كۇتۇپخانا
ئەينەك
ئۆگزە
ئۆي
پەلەمپەي
تام
كۆزنەك

31 - Physics

ئ ب ز ق ى س ى ت و ت س ا چ ل
ې چ ز ن ا چ ش ى ر ى گ ز ۆ ئ
ل م ڭ ب ف غ س چ ت م چ ې گ گ
ې ې خ غ ق س ى ه ب ى ر ج ه ت
ك خ چ ن ې ا ڭ ئ س ق چ غ ۆ ق
ت ا ه م ۇ ۋ پ م و ر د ا ي ى
ر ن م ا گ ن ى ت س ك ى ي ج ل
و ى گ س گ م و ل ې ك ۇ ل ا چ
ن ڭ ه ب ا گ ژ ڭ س ئ د ب پ ى
ى ي س ر ز ې ى ه چ ى ر ر ه ز
ف چ ئ ژ ي ي و ا ت ه ئ ر ۋ س
د ئ ۇ ن ى ۋ ې ر س ا ل ت ھ د
ف ن ى ش ى ر ه پ پ م و ت ا ئ
ل ب چ ي ڭ ى ې ق ج ر و ت و م

ئاتوم
زىچلىق
ئېلېكترون
موتور
كېڭەيىش
تەجرىبە
چاستوتىسى
گاز
ماگنىتسكىي

مېسسى
مېخانىك
مولېكۇلا
يادرو
زەررىچە
سۈرئەت
ئۇنىۋېرسال
ئۆزگىرىشچان

32 - Coffee

ڭ س ز د س خ خ ت ش ا س ئ ە ۇ
ت ۇ ق و غ ق گ ە ژ ا ن ى ق ف
ڭ ي ا ە ۆ ڭ ق م ش ق د س ژ ڭ
ش ۇ ر س ۆ ف ش خ ۈ ى ب ت ۋ و
س ق ا ژ ش ز و ۇ ھ ر ش ا خ ل
م ل ھ ش ې ك ە ر د ت س ك د چ
ژ ۇ ۈ ۋ ت غ ە ۇ پ ا ۇ ا د ب
ق ق ژ ي ت ھ خ چ ر ق ۆ ن ا ا
ا ۈ ش غ ە م پ ل چ ا ۋ ھ ز ت
ي ت ۈ س ئ ھ ت ى ف ق ا پ ۆ ب
م ژ ئ ش ئ ت ى ر ۆ س ھ م ى ي
ا ب ا ك ا ق ك ى ى ق غ ف س ې
ق گ ھ ى پ ش ا ل ر ى ج ل ا غ
چ ۋ ف ۈ ك ڭ ن ى ئ ې ف ف و ك

قىرتاق
قارا
كوففېئىن
قايماق
ئىستاكان
تەم خۇرۇچلىرى
غالچىرلاش

سۇيۇقلۇق
سۈت
سەھەر
باھاسى
شېكەر
سۇ

33 - Colors

م	ق	ي	س	ف	ۈ	ۇ	ر	ك	ل	ژ	ئ	خ	س
گ	ى	ې	ۆ	ۋ	ت	پ	ى	ۆ	و	ا	ا	ۋ	ې
ل	ز	ش	س	ۈ	ە	س	خ	ك	ۋ	ق	پ	ا	ر
ن	ى	ى	ۈ	ف	ئ	ڭ	ا	ر	ا	ق	ې	م	ى
ب	ل	ل	ن	ش	ق	ا	ۇ	ە	ج	س	ل	ي	ق
ز	ر	ر	ر	ي	گ	ز	ق	ڭ	ز	ج	س	ئ	ر
ژ	ە	ە	ە	ۇ	ھ	ر	ۋ	ي	ۈ	غ	ى	ق	ە
ە	ڭ	ڭ	ڭ	ە	ر	ر	ۇ	ڭ	و	ق	ن	چ	ڭ
ل	ب	ە	ز	غ	ھ	ئ	ۆ	ت	ھ	م	ر	ق	ئ
غ	ى	ر	ر	ق	ھ	ت	ۇ	ڭ	ش	ف	ە	ش	ز
چ	ى	ل	ش	ل	ي	ش	غ	ى	غ	ژ	ڭ	ۈ	ك
د	ى	ا	ر	ى	ۈ	ك	ە	ڭ	و	ن	ۇ	ف	ۈ
ۋ	ە	ھ	ئ	ك	ە	ك	ي	ك	و	ھ	ن	ۇ	ل
م	ك	خ	ر	م	گ	ج	ق	ش	خ	ر	س	ئ	ل

قارا
كۆك رەڭ
قوڭۇر رەڭ
يېشىل رەڭ
كۈلرەڭ
ئاپېلسىن رەڭ

ھال رەڭ
سۆسۈن رەڭ
قىزىل رەڭ
ئاق
سېرىق رەڭ

34 - Climbing

ئ	ا	ت	م	و	س	ف	ې	ر	ا	ق	م	ۆ	ت
ۇ	ب	ې	ش	ۇ	س	غ	غ	ا	ئ	ى	ۇ	د	ۆ
ە	ڭ	ھ	م	ف	گ	ف	چ	ت	ق	ز	ت	ق	ج
ت	ە	ر	ب	ى	ي	ل	ە	ش	د	ى	ە	چ	و
ا	گ	م	ك	ي	ك	ۈ	ت	ۆ	ئ	ق	خ	غ	ۇ
پ	ە	ل	ە	ي	ۈ	ى	ق	ل	خ	ى	ە	و	س
ب	ئ	ڭ	ت	گ	چ	م	ل	ا	ف	ش	س	گ	ې
ژ	ۆ	ي	ى	چ	ق	ج	ۇ	ز	ل	ۇ	ى	ش	ق
گ	ڭ	ب	ر	ۋ	ۇ	ش	ې	ق	ى	پ	س	م	ش
و	ك	م	ە	پ	ۋ	س	ت	ى	ى	گ	ا	خ	ج
ل	ۈ	ھ	خ	ل	ۋ	ۆ	د	ا	ۆ	م	ې	ق	ھ
ل	ر	ھ	ھ	ب	ە	ج	ق	ژ	غ	س	ل	ئ	ق
ج	س	ك	ژ	خ	ت	د	ف	ۆ	خ	ز	ز	ى	چ
ز	ە	خ	ى	م	ل	ى	ن	ى	ش	ى	ل	ف	ق

ئېگىزلىك
ئاتموسفېرا
ئۆتۈك
ئۆڭكۈر
قىزىقىش
مۇتەخەسسىس
پەلەي
قالپاق
زەخىملىنىش
خەرىتە
تار
مۇقىملىق
كۈچ-قۇۋۋەت
تەربىيلەش

35 - Scientific Disciplines

ب	ب	غ	م	ئ	ش	ئ	ف	ئ	پ	ب	ك	ئ	ك
ى	ش	ۆ	ې	و	ژ	ا	ى	ا	ى	ى	ې	ې	ۇ
ئ	ب	غ	خ	ز	ڭ	س	ز	ن	س	ئ	ن	ك	ۇ
و	پ	ق	ا	ۇ	ڭ	ت	ى	ا	خ	و	ى	و	ت
خ	ۋ	ې	ن	ق	ۇ	ر	ئ	ت	و	ل	ز	ل	ى
ى	گ	ا	ى	ل	ژ	و	و	و	ل	و	و	و	ل
م	گ	ك	ك	ۇ	خ	ن	ل	م	و	گ	ل	گ	ش
ى	م	ى	ن	ق	ۈ	و	و	ى	گ	ى	و	ى	ۇ
ي	ژ	ز	ج	گ	ھ	م	گ	ي	ى	ي	گ	ي	ن
ە	ي	ى	م	ى	خ	ى	ى	ە	ي	ە	ى	ە	ا
ب	ر	ف	س	ى	ز	ي	ي	و	ە	خ	ي	ر	س
خ	ۆ	س	ج	ت	ى	ە	ە	ئ	ب	و	ە	ئ	ل
ئ	ا	ر	خ	ې	ئ	و	ل	و	گ	ى	ي	ە	ى
گ	ې	ئ	و	ل	و	گ	ى	ي	ە	ز	ش	ج	ق

ئاناتومىيە
ئارخېئولوگىيە
ئاسترونومىيە
بىئو خىمىيە
بىئولوگىيە
خىمىيە
ئېكولوگىيە
گېئولوگىيە

كېنىزولوگىيە
تىلشۇناسلىق
مېخانىك
ئوزۇقلۇق
فىزىكا
فىزىئولوگىيە
پسىخولوگىيە

36 - Science

ك	ى	ئ	غ	ۇ	ل	ڭ	پ	ە	ر	ۇ	م	ز	ئ
ۈ	ك	ا	ك	ى	ز	ى	ف	ر	ف	چ	و	ە	ۆ
ە	چ	ت	ا	م	ى	ل	ى	ك	ب	ى	ل	ر	س
ت	ا	و	م	ل	ھ	ي	پ	ا	ۋ	ر	ې	ر	ۈ
گ	ە	م	ڭ	ۇ	ن	ج	گ	ۇ	ن	م	ك	ى	م
ن	ت	ج	ف	ش	ن	ئ	ۇ	س	ۇ	ل	ۇ	چ	ل
ر	ە	ف	ر	چ	د	ا	س	ز	م	ۈ	ل	ى	ۈ
ر	ج	خ	ژ	ى	ت	ە	پ	ى	ر	ۋ	ا	ل	ك
ۇ	ر	ب	ۆ	غ	ب	ن	ھ	ى	ۇ	ك	ل	ە	ل
ر	ى	ڭ	ق	ي	ت	ى	ز	ك	ق	ې	ا	ر	ە
ز	ب	ى	ئ	د	ې	ې	خ	ج	ف	ل	ر	ۈ	ر
ت	ە	ھ	ە	ئ	م	ى	ل	ا	ئ	و	ى	ھ	ھ
ت	ا	ش	ق	ا	ت	م	ا	گ	ن	ق	گ	ق	چ
ئ	ە	م	ە	ل	ى	ي	ە	ت	ۆ	ا	ز	خ	ە

ئاتوم
كىلىمات
تەجرىبە
ئەمەلىيەت
تاشقاتما
مۇناپىقلىق
تەجرىبىخانا

ئۇسۇل
مولېكۇلالار
زەررىچىلەر
فىزىكا
ئۇسۇملۇكلەر
ئالىم ئەھەت

37 - To Fill

ب	ش	ن	ئ	ا	ا	خ	د	و	ۆ	ي	چ	ھ	ن
ل	و	ڭ	ق	ا	م	ش	ە	غ	ۋ	ا	ا	ۆ	ۋ
ف	ڭ	ك	س	ۋ	ت	ە	ۋ	ې	س	ن	م	ج	ز
ى	ە	ج	ي	ن	ر	س	ې	ې	پ	چ	غ	ج	ب
چ	ې	ل	ە	ك	ا	خ	و	ز	ې	ۇ	ۇ	ە	و
ھ	ج	ژ	ى	گ	ت	ش	گ	م	گ	ق	ر	ت	ت
ھ	ف	ژ	ۋ	ە	ا	ا	ا	ن	ك	ب	خ	ق	ۇ
ق	ب	ر	چ	ھ	م	و	ت	ھ	و	ا	ج	ى	ل
و	ۇ	ش	ۇ	و	ت	ۇ	ڭ	پ	ق	ف	ك	س	ڭ
د	چ	ت	و	ئ	ر	گ	س	ت	ې	س	ى	ق	ا
س	غ	ى	ى	ھ	ا	ز	ج	ئ	م	س	م	ۇ	ژ
ې	چ	ۋ	غ	ل	ت	ۋ	غ	ش	ج	چ	ژ	چ	ئ
ڭ	گ	گ	چ	د	ا	ك	و	ن	ۋ	ې	ر	ت	ز
ى	ز	س	ى	ل	ل	ر	ت	ر	ا	ك	ت	و	ر

سومكا
تۈڭ
سېۋەت
بوتۇلكا
قۇتىلار
چېلەك
تارتما تارتما

كونۋېرت
ھۆججەت قىسقۇچ
يانچۇق
چامغۇر
تراكتور
لوڭقا

38 - Clothes

غ	ا	د	ا	ك	پ	و	پ	ا	ي	ك	ا	ب	س
ھ	ف	ې	ن	و	ى	د	د	ۈ	ۆ	ې	ا	ى	ا
ش	ۋ	ې	ج	ژ	ز	ي	ە	ل	ە	پ	ز	ل	ن
ئ	ى	ش	ت	ا	ن	چ	ى	غ	ڭ	ئ	ق	ە	د
ز	ە	ن	ج	ى	ر	ا	ت	م	غ	ۇ	د	ي	ا
ۈ	ش	ج	ل	ب	و	پ	ا	ى	ك	ا	غ	ز	ل
ب	ق	ب	ج	ج	ھ	ا	س	ۋ	و	ې	ق	ۈ	ت
ش	ج	چ	ۇ	م	ز	ن	م	ۋ	ڭ	ف	چ	ك	ۆ
ژ	ك	چ	غ	ك	ق	چ	ى	ى	ي	ج	ق	ە	ر
م	ۋ	ۆ	ج	و	پ	ا	ل	خ	ق	ت	ا	ش	ك
خ	خ	گ	ي	ي	ن	پ	ى	ژ	ا	ت	پ	و	ك
ۈ	خ	خ	ۋ	ن	ل	ا	ق	ف	ي	ې	ي	ق	ۋ
ك	ئ	غ	ش	ژ	ە	ن	ش	چ	ا	پ	ا	ن	گ
ك	گ	د	ې	ئ	ۇ	ك	ۋ	ر	ئ	ۋ	پ	و	ر

تاسمىلىق
بىلەيزۈك
چاپان
كىيىم-كېچەك
پەلەي
چاپان چاپان
زەنجىر

ئىشتان
ساندال
كوپتا
ئاياق
كۆينەك
پايپاق
پوپايكا

39 - Ethics

ئ س ك ۇ پ ل ا ت ڭ ھ ئ ب غ م
ۋ ە ۆ چ ل د خ ە ر ە ە ف ا ل
م ۋ ف ب ھ د ۋ ر ي م ق ر ب ئ
ى ر گ ب ب غ ڭ ۋ ۋ ك ى خ ۋ ى
د ت ل ى چ گ ر ې ئ ا ل ى ز م
ۋ ا ي غ چ س ۇ ر پ ر ئ غ ر ز
ا ق ە پ ە س ل ە پ ل ى ف ي د
ر ە ى ھ ق ي ق غ گ ى د د ۇ ە
ل ت گ م ۇ ۋ ا پ ى ق ر ر ڭ ق
ى ت ە ي ى م ى م ە س ا ن ۋ ھ
ق س ە م ى م ى ي ل ى ك ت ف غ
پ ف ت ق ى ل ن ا ب ى ر ھ ې م
ئ د چ ت ە ق پ ە ش م ى ھ ە ر
ڭ ز ت ە س ا ر ا پ ل ى ق ە ئ

سەۋر-تاقەت	رەھىم-شەپقەت
پەلسەپە	ھەمكارلىق
ئەقىل-ئىدراك	سەمىمىيلىك
رېئالىزم	سەمىمىيەت
مۇۋاپىق	مېھرىبانلىق
ئەقىل-پاراسەت	ئۈمىدۋارلىق

40 - Astronomy

ئ	غ	ل	ئ	ر	ر	ڭ	ت	ك	ك	غ	ر	پ	ز
ا	ز	غ	ا	ب	ا	ا	ې	د	ا	ى	ە	ۇ	ھ
س	د	ۇ	ق	پ	د	ە	ل	ل	ئ	چ	ل	گ	ا
ت	ت	ۆ	ا	ى	ى	ا	ې	ت	ى	د	ى	و	ر
ر	ۆ	خ	ر	ر	ي	ن	س	ب	ن	ش	ر	ە	م
و	ر	غ	ي	ج	ا	ا	ك	ە	ا	د	ا	ي	ە
ن	ئ	ۆ	ۇ	غ	ت	خ	و	ئ	ت	و	ي	ە	ھ
و	ا	ى	ل	ل	س	ت	پ	ق	ا	ش	ي	ر	ي
م	ل	پ	ت	و	ى	ە	و	ې	ت	ي	ە	ش	ى
ئ	ە	خ	ۇ	ف	ي	س	ل	ن	ا	م	س	ا	ئ
ھ	م	ڭ	ز	ب	ە	ە	ۋ	ۇ	ج	ھ	ڭ	ر	ن
ج	،	ب	ژ	ۈ	ش	ر	ا	ك	ې	ت	ا	ى	ۈ
س	ە	ي	ي	ا	ر	ە	ز	ڭ	خ	ف	ە	ت	س
ق	ۇ	ي	ا	ش	ۈ	ي	ى	ى	ې	س	ە	ت	پ

سەييارىلەر
ئاسترونوم
كائىنات
يەر شارى
ئاقار يۇلتۇز
ئاي
رەسەتخانا
سەييارە

رادىياتسىيە
راكېتا
سۈنئىي ھەمراھ
ئاسمان
قۇياش
تېلېسكوپ
ئالەم ،

41 - Health and Wellness #2

ب	ئ	ھ	ي	ۋ	ى	ت	ا	م	ى	ن	ش	ڭ	د
ۇ	ا	ە	ت	ۇ	ك	ە	ي	پ	ى	ي	ا	ت	و
ل	ن	ز	ا	ق	ق	ن	ۋ	ك	ب	ر	ل	ە	خ
ك	ا	ى	ز	ي	ۇ	ۇ	ژ	ى	ر	ى	ۋ	ي	ت
چ	ت	م	ى	ۇ	ل	ئ	م	ل	غ	غ	ۋ	ى	ۇ
غ	و	ق	ل	ئ	ق	و	ر	ل	ش	ئ	ۇ	س	ر
ك	م	ى	ى	د	ۇ	ب	ا	ە	ى	ق	ئ	ر	خ
ا	ى	ل	ق	ژ	ز	و	ب	س	ف	ن	گ	ى	ا
ل	ي	ى	د	ې	و	ر	و	ې	ڭ	ا	ى	ئ	ن
و	ە	ش	ئ	ش	ئ	و	ې	ك	ۇ	ق	ە	ش	ا
ر	ب	ە	د	ە	ن	ت	س	ا	غ	ل	ا	م	ي
ى	م	ق	ژ	گ	ئ	ې	ن	ې	ر	گ	ى	ي	ە
ي	ي	ې	م	ە	ك	ئ	ى	چ	م	ە	ك	ۋ	ش
ە	ي	ى	س	ك	ا	ئ	ې	ر	ي	ڭ	ڭ	ۆ	ڭ

رېئاكسىيە
ئاناتومىيە
قان
بەدەن
كالورىيە
ئوبوروت
يېمەك-ئىچمەك
ھەزىم قىلىش
كېسەللىك
ئېنېرگىيە

ئىرسىيەت
ساغلام
دوختۇرخانا
تازىلىق
يۇقۇملىنىش
ئۇۋۇلاش
كەيپىيات
ئوزۇقلۇق
ئۇيقۇ
ۋىتامىن

42 - Time

ش س گ ە ك گ پ ل ى ي ن و ئ ھ
ر ر س ې گ ت ا ك ت ۇ ن ى م ا
ت ۈ ي ن ت ق د ژ ي ن ۈ ئ ئ ز
ئ ى ب ۇ ر ۇ ن ۈ ت ق گ ۈ ف ى
ن ز ې ي ې ي ى ل ە ف ۈ و ب ر
ۇ غ ر ى ى ب ق ۋ ئ ج ن ئ غ ھ
ك ت ل ل ب ې ې س ا پ ۆ خ ك ۆ
ش ك ج ل ك ي ي ە س ە ت ز ن ئ
ژ ج ە ى ك گ ت ھ ھ ە پ ت ە ھ
ش ن و ق ۈ ژ ا ە ب ج س س ت چ
ي ا ئ م ن ې پ ر خ ك ى خ ۈ ۇ
ن ژ ك ا ل ې ن د ا ر د ش ش ۇ
ژ ز س ل ن ۈ گ ۈ ب خ ى ر ا ت
ر س ت ش ى ت ې ك ر ۇ د ل ا ب

كېيىن
يىللىق
بۇرۇن
كالېندار
ئەسىر
كۈن
ئون يىل
بالدۇر كېتىش
سائەت
مىنۇت

ئاي
سەھەر
تۈن
چۈش
ھازىر
پات يېقىندا
تارىخ-بۈگۈن
ھەپتە
يىل
تۈنۈگۈن

43 - Buildings

د	و	خ	ت	ۇ	ر	خ	ا	ن	ا	ك	ۆ	ۇ	ك
ئ	ا	ل	ى	ي	م	ە	ك	ت	ە	پ	م	س	ى
ت	ى	ي	ا	ت	ى	ر	خ	ا	ن	ا	ڭ	ج	ن
م	ى	ق	ب	و	ك	پ	ت	ز	ا	ۋ	ۇ	ت	و
م	ۇ	ش	و	پ	ۆ	ھ	ل	ر	خ	ت	ب	ئ	خ
ۇ	ج	ن	ۋ	ب	ا	د	پ	ك	ې	غ	ر	ە	ا
ز	ك	گ	ا	ن	ا	خ	ت	ە	س	ە	ر	ل	ن
ې	ش	ش	ك	ر	ن	ئ	ش	ئ	ۉ	ق	ى	چ	ا
ي	س	د	ر	ى	چ	م	ۉ	ل	ۆ	ب	د	ى	گ
د	ر	د	ې	ئ	ۆ	ي	س	ە	م	ز	ې	خ	غ
و	چ	ۋ	چ	ە	ش	ۇ	م	ق	ش	ي	چ	ا	ن
ي	ا	ت	ا	ق	ب	ى	ن	ا	س	ى	ئ	ن	ج
ف	ۆ	ا	ز	ۇ	م	ە	ك	ت	ە	پ	ب	ا	و
ت	ە	ج	ر	ى	ب	ى	خ	ا	ن	ا	ي	ۇ	ھ

ياتاق بىناسى
بۆلۉمچى
قەلئە
چېركاۋ
كىنوخانا
ئەلچىخانا
زاۋۇت
دوختۇرخانا
ئۆي

تەجرىبىخانا
مۇزېي
رەسەتخانا
مەكتەپ
چېدىر
تىياتىرخانا
مۇنار
ئالىي مەكتەپ
سېخ

44 - Philanthropy

س	ه	م	ى	م	ى	ي	ل	ى	ك	پ	گ	ب	ژ
ي	گ	غ	م	ۋ	ب	س	ې	ا	پ	ۇ	ھ	ف	ۇ
ا	ۇ	ق	ب	ۆ	ا	ن	ڭ	ب	ڭ	ل	ش	ۆ	ب
ش	ر	ھ	ر	ۇ	ك	ت	ه	ئ	ا	م	ا	ج	ا
ل	ۇ	ي	ه	پ	ى	ز	ه	ۋ	ك	ۇ	د	گ	ل
ى	پ	غ	ۇ	چ	س	ش	ل	ف	پ	ئ	ى	س	ى
ق	پ	ش	ه	خ	ى	س	ل	ه	ر	ا	ق	ۈ	ل
خ	ى	ك	ژ	ل	پ	ڭ	ه	ۋ	م	م	ا	ر	ا
ت	ل	ژ	ڭ	ي	ب	ۈ	ھ	ل	ئ	ى	ل	پ	ر
غ	ا	ب	ۈ	و	ب	ه	ه	پ	خ	ل	ا	ه	ۋ
ا	ر	س	ې	ج	ۋ	ه	م	ش	ج	ه	ئ	ۇ	ى
پ	ر	و	گ	ر	ا	م	م	ى	ل	ا	ر	غ	ج
ن	ى	ش	ا	ن	ل	ا	ر	ب	پ	گ	ز	ژ	ې
د	ر	و	د	ۈ	ق	ن	م	ه	ر	د	ل	ى	ك

بالىلار
مەھەللە
ئالاقىداش
پۇل مۇئامىلە
مەبلەغ
مەردلىك
نىشانلار

گۆرۈپپىلار
سەمىمىيلىك
ۋەزىپە
شەخسلەر
پروگراممىلار
جامائەت
ياشلىق

45 - Gardening

ب	ۇ	ي	ۇ	ك	ت	ج	ش	ك	ي	ل	ت	ئ	و
ئ	چ	س	ۆ	ك	ۈ	د	ت	ر	و	ف	ۆ	ۇ	ك
ئ	ى	ي	ت	ك	ه	س	م	ه	پ	ۈ	م	ر	ى
ج	ر	چ	خ	ۋ	م	ج	ر	و	ۇ	ب	غ	ۇ	ل
پ	ك	چ	ى	ت	م	ل	ر	س	ر	ك	گ	ق	ى
ۋ	ه	ئ	ي	ل	ۈ	گ	ن	ه	م	ى	چ	ل	م
ڭ	خ	س	ر	و	ا	ڭ	ا	م	ا	ل	ز	ا	ا
ت	ي	ف	ى	غ	ر	چ	خ	ل	ق	م	ۈ	ر	ت
ف	ې	ڭ	ۇ	ل	ز	ش	ر	ى	ي	ه	ئ	ا	ل
ن	و	ت	چ	ۇ	ل	ا	و	ڭ	ڭ	ن	ژ	ل	ۋ
ن	چ	ن	ز	و	ى	ى	ئ	ې	ۇ	ا	ن	ى	ف
ه	ف	ئ	ھ	ب	ك	ه	ك	ي	د	ۈ	ۋ	چ	ج
ۈ	ژ	ك	د	ڭ	ژ	د	ل	ر	ه	ې	ف	ا	ژ
ز	ژ	ژ	ۇ	غ	چ	ژ	ك	ي	ز	ڭ	ك	ق	ب

چىمەنگۈل
بۇيۇكت
كىلىمات
قاچىلار
يېڭىلمەس
كەسمە

يوپۇرماق
نەملىك
ئورخان
پەسىللىك
ئۇرۇقلار
سۇ

46 - Herbalism

م	ب	ق	ى	ل	ى	د	ي	ا	پ	ك	ف	س	خ
ت	ە	ا	ي	ۇ	م	غ	ا	ق	س	ۈ	ت	ە	ك
ھ	ك	س	غ	و	ز	ف	م	ش	ا	ل	ە	ف	س
ڭ	ج	م	ھ	ۋ	ف	ژ	ل	ە	ۆ	م	پ	ا	ز
ك	ى	ا	ا	ۇ	ە	ل	ە	چ	ى	ۈ	ۈ	ك	ڭ
ك	ق	س	ۈ	ۆ	ل	ن	م	غ	ۋ	س	س	ۆ	د
و	ك	ې	ۋ	ل	س	ا	چ	م	س	ۆ	ۇ	ي	ھ
گ	ۇ	ل	س	ا	ر	ا	ت	ى	ر	ئ	ج	ۈ	ۈ
ژ	س	غ	ت	م	د	ڭ	ە	ر	ل	ى	ش	ې	ي
ئ	ا	ش	پ	ە	ز	ل	ە	ر	ي	ى	ق	ت	ا
ۈ	ۆ	و	خ	ە	ئ	ۆ	ي	ە	ۇ	ھ	ك	ف	ج
ت	ە	م	خ	ۇ	ر	ۇ	چ	ل	ى	ر	ى	ت	ۋ
ل	ا	چ	ى	ن	د	ا	ن	ە	ې	و	م	م	ك
ۈ	گ	ھ	ر	ق	خ	ې	ر	ل	ج	ق	خ	م	گ

پايدىلىق
يۇمغاقسۈت
ئاشپەزلەر
تەم خۇرۇچلىرى
گۇلسارا
باغۋەنچىلىك
سامساق
يېشىل رەڭ
مەسھۇلات
لاچىندانە
ئۆسۈملۈك
سۈپەت
سەفاكۆي

47 - Vehicles

ئ	ن	ر	س	چ	ۇ	ۋ	م	ۋ	ق	ز	ۆ	ۋ	ۋ
م	ا	ۆ	ا	ب	ۇ	ۇ	ې	ر	ھ	ل	ش	ې	ې
ا	ل	پ	ا	ك	خ	ا	ت	و	ن	ج	گ	ك	ل
ش	ى	پ	ت	ب	ې	ې	ر	ب	ا	ل	و	ن	ى
ى	پ	و	ە	ۇ	پ	ت	و	ى	ل	ا	ز	ژ	س
ن	ۇ	ي	ې	ب	ب	ا	ا	د	ۈ	س	ف	س	ى
ا	ر	ى	ج	ي	ك	ۇ	ب	م	ۋ	ج	ى	ب	پ
م	ي	ز	غ	ر	د	ي	س	ت	و	خ	ې	ش	ى
ئ	ا	ي	ر	و	پ	ى	ل	ا	ن	ت	ۈ	خ	ت
گ	ئ	م	ت	ى	ر	ا	ك	ت	و	ر	و	ك	غ
ك	ا	ر	ۋ	ا	ن	د	ې	غ	م	پ	پ	ر	ا
د	ز	ۋ	ۈ	ي	ۈ	غ	ۇ	ۇ	ج	گ	ج	ق	ف
ز	ر	غ	چ	ب	ئ	ۈ	ب	ۇ	ئ	خ	ل	ن	ۆ
ل	پ	ر	ل	ب	س	ڭ	ن	ئ	ۋ	ئ	س	و	ل

ئايروپىلان
ۋېلسىپېت
ئاپتۇبۇس
ماشىنا
كارۋان
موتور
سال

راكېتا
ئايرۇپىلان
مېترو
بالون
تىراكتور
پويىز

48 - Health and Wellness #1

د	گ	خ	ۋ	د	ن	ت	ھ	س	م	ب	م	ئ	ۇ
د	و	ە	ل	ج	ې	ك	ۇ	ۇ	ۇ	و	ا	ا	ك
و	ب	ر	ش	ل	ر	گ	ۆ	ن	س	ش	ش	م	ك
خ	و	ى	ى	ڭ	ۋ	ن	ي	ۇ	ك	ا	ك	ب	ل
ت	ي	ت	ن	گ	ا	ۇ	س	ق	ۇ	ش	ھ	ۇ	ي
ۇ	ئ	س	ى	ې	ە	م	ك	س	ل	ت	گ	ل	ر
ر	ې	ق	ل	ژ	ي	ر	ې	ۇ	ل	ۇ	ھ	ا	د
ئ	گ	ف	م	ا	ى	و	ل	ر	ا	ر	پ	ت	ا
ئ	ى	پ	ى	غ	ر	ھ	ف	ى	ر	ۇ	ر	و	ۋ
ا	ز	غ	خ	غ	ې	ې	ې	ۋ	ك	ش	ۋ	ر	ا
چ	ل	ې	ە	ۆ	ت	ڭ	ر	ز	ې	ۇ	ە	ى	ل
ل	ى	ژ	ز	ى	ك	ئ	ا	ك	ت	ى	پ	ي	ا
ى	ك	ت	ە	د	ا	ئ	ي	ئ	ك	ن	د	ە	ش
ق	ى	ر	ق	ۋ	ب	ى	ر	ە	ۆ	ج	ب	ن	ۋ

ئاكتىپ
باكتېرىيە
ئامبۇلاتورىيە
دوختۇر
سۇنۇق
ئادەت
بوي ئېگىزلىكى
ھورمۇن
ئاچلىق

زەخىملىنىش
مۇسكۇللار
نېرۋا
دورىگەرلىك
رېفلېكس
بوشاشتۇرۇش
تىرە
داۋالاش
ۋىرۇس

49 - Town

ك ف ج ا ن ا خ ر ى ت ا ي ى ت
ۇ ك ۋ غ م ۇ ر ۇ د و ر ي ا ئ
ت ى ي ز ا ر ا س ن ا م ھ ې م
ۇ ن ر ا ل ى ن ا خ ب ا ت ى ك
پ و ك گ و و ن ا ك ۇ د ر ن پ
خ خ د و ر ى گ ە ر ل ى ك ى ە
ا ا ۆ ۆ ى ۆ ر ش ت ز ب گ ك ت
ن ن ۆ د گ غ ھ ي ا ا ۆ ج ۇ ك
ا ا ۆ پ ژ و ژ ب ز ك ر غ د ە
گ ا چ ئ م چ ا ى ل ن ج چ ا م
ڭ و ز ې ت ل ر ې ا ا ئ و ك ۇ
ن ج ل ت ل ى ڭ گ ز ب ش غ ل ز
ب ڭ ۋ ا ج ې گ د ق ش ې ي و ې
ھ چ ت ۇ ە ش ز ج خ ي ج ب ب ي

ئايرودۇرۇم
بولكا دۇكىنى
بانكا
كىتابخانىلار
كىنوخانا
مېھمانساراي
كۆتۈپخانا

بازىرى
مۇزېي
دورىگەرلىك
مەكتەپ
دۇكان
تاللا بازىرى
تىياتىرخانا

50 - Antarctica

ق	ت	ې	م	پ	ې	ر	ا	ت	ۇ	ر	ا	م	خ
ۇ	ئ	ې	ك	س	پ	ې	د	ى	ت	س	ى	ي	ە
ش	خ	ش	ئ	ا	ر	ا	ل	ل	ا	ر	س	ا	ج
ل	ب	ە	ئ	ت	ى	ق	ى	ۋ	ل	ك	ۈ	ۇ	ە
ا	ب	ج	گ	ر	ج	ۋ	چ	ڭ	و	م	ئ	ۇ	ھ
ر	ھ	ې	ق	ل	پ	ۇ	ت	ى	ك	ج	پ	غ	د
ش	ب	ت	پ	ل	ا	ر	ا	ئ	م	ى	ر	ې	ي
غ	ۇ	ە	ئ	ي	ۈ	د	ق	ك	و	ە	م	و	ى
ھ	ل	ر	ش	و	ف	ر	ى	ۋ	ھ	پ	ر	ي	م
ب	ۇ	ج	و	ڭ	ق	گ	ق	ل	ا	ز	م	ھ	ل
ا	ت	ى	ھ	ۇ	م	پ	ت	ت	ل	و	ئ	ك	ى
ك	ل	ھ	ل	ە	ج	ل	ە	ل	ق	ا	پ	ن	ئ
ى	ا	ك	ز	ې	ۋ	ز	ت	ن	پ	ب	ر	ش	ت
ھ	ر	ج	ۇ	غ	ر	ا	پ	ى	ي	ە	د	ۈ	خ

قۇشلار
بۇلۇتلار
تېجەش
قىتئە
كولا
مۇھىت
ئېكسپېدىتسىيە
جۇغراپىيە
گلادىللار

ئاراللار
ھىجرەت
يېرىم ئارال
تەتقىقاتچى
ئىلمىي
تېمپېراتۇرا
سۇ
كىت

51 - Ballet

س	م	ر	ۈ	و	ڭ	ا	ج	ژ	چ	ل	ن	ئ	ۆ
ت	ا	ا	ز	ژ	ئ	ڭ	ې	ف	ت	ا	ا	ۇ	ك
ز	ە	ل	ھ	غ	ن	ژ	ھ	ر	ا	ت	خ	س	ر
ې	ۋ	ې	م	ا	ھ	ت	ى	ى	م	ا	ش	س	ى
ژ	ا	ى	ۆ	ى	ر	ك	ر	ت	ا	پ	ا	ۇ	ت
ۈ	ڭ	ل	ش	گ	ق	ە	ۋ	س	ش	ە	م	ل	ى
ف	ا	ج	ش	ى	ف	ى	ت	ې	ى	ت	ۇ	چ	م
ن	غ	ا	ش	ا	ا	س	ۋ	ك	ب	ل	ز	ى	ت
م	ۇ	س	ك	ۇ	ل	ل	ا	ر	ى	ى	ى	ل	ى
ف	ا	ھ	ى	چ	س	چ	ش	و	ن	ك	ك	ا	خ
ژ	ە	غ	ا	ر	ۇ	چ	س	ئ	ل	غ	ا	ر	ن
ت	ۆ	ۆ	ى	خ	س	ۇ	و	ۆ	ا	خ	م	ئ	ى
ف	ژ	ل	ن	ا	ژ	ھ	ۈ	ۆ	ر	ڭ	چ	ژ	ك
ق	و	ل	ئ	ى	ش	ا	ر	ى	س	ى	چ	ئ	ا

تاماشىبىنلار
ئۇسسۇلچىلار
قول ئىشارىسى
لاتاپەتلىك
سالمىقى
مۇسكۇللار

ناخشا-مۇزىكا
ئوركېستىر
رىتىم
ماھارەت
تېخنىكا

52 - Human Body

ب	ا	پ	ژ	چ	ك	ج	م	س	ق	ك	ې	ۋ	ر
ب	ى	ۇ	ئ	و	ت	غ	ش	ۇ	س	ه	ر	ۈ	م
ۇ	و	ت	ې	ڭ	ق	و	ل	م	ش	ن	و	ۇ	ژ
ر	ئ	ئ	غ	م	ج	ا	ئ	س	ې	ي	پ	ن	چ
ن	ل	و	ى	ې	ق	ج	ي	ۈ	ر	ه	ك	ئ	ب
ى	ا	ش	ز	ڭ	ت	س	پ	ڭ	ن	ج	ا	ت	ت
ڭ	ك	ۇ	ب	ه	ق	ۇ	ھ	ب	ا	ش	ت	ي	ى
ل	ۈ	ق	و	ۋ	ت	ي	چ	ش	ق	ف	ڭ	ڭ	ر
ت	گ	ى	ش	گ	م	ه	د	ا	ي	ز	ۈ	ي	ه
غ	ج	ڭ	ل	ز	ت	ى	ز	ا	ن	ۇ	ي	و	ب
چ	د	ھ	ۇ	ب	ن	ا	ۆ	ق	ا	م	ر	ا	ب
خ	ي	و	ق	ڭ	ن	د	ك	ج	ت	ب	ف	ۆ	خ
ھ	خ	ت	ى	ل	ت	ى	ل	د	خ	ف	ۋ	ف	ج
د	ۆ	ن	ھ	ه	ج	ك	م	ي	ۆ	ك	ژ	خ	ق

يۈرەك
تىز
پۇت
ئېغىز بوشلۇقى
بويۇن
بۇرنى
مۈرە
تىرە
ئاشقازان
تىل تىل

پۇت ئوشۇقى
قان
چوڭ مېڭە
قۇلاق
جەينەك
كۆز
يۈز
بارماق
قول
باش

53 - Fruit

ھ	غ	ئ	ئ	ئ	ئ	ا	ن	ا	ن	ا	س	ل	پ
ن	ۈ	پ	ا	ا	ۆ	ل	ت	ۇ	ا	چ	پ	ى	پ
ە	ە	د	چ	ل	پ	ر	ا	گ	د	ە	ئ	م	پ
ش	س	ئ	ي	ق	م	ې	ۈ	ۇ	س	ۇ	ك	و	ك
پ	ك	چ	پ	ش	ف	ا	ل	ك	س	ت	پ	ن	س
ۈ	ن	ا	ن	ا	ب	ى	ش	س	ھ	ف	ى	ۇ	ھ
ت	ە	ن	و	ر	ۇ	ز	و	ى	ى	ې	ش	غ	ژ
ق	گ	ش	ا	پ	ت	ۇ	ل	ج	ر	ن	ڭ	و	ج
ك	ر	ف	ر	غ	و	م	ۆ	ى	پ	ك	ر	ق	خ
ئ	ۈ	ز	ۈ	م	ز	ا	ر	ل	ى	ق	ى	ە	ش
ز	ج	د	ن	ۈ	ر	ن	س	ۈ	ب	ۇ	ك	ت	ڭ
ي	ل	ې	ش	ز	ق	خ	غ	ك	ن	چ	ڭ	ل	ى
س	ۆ	ك	ق	ۈ	پ	ب	ۋ	ۆ	چ	ۆ	ې	ژ	م
س	ب	م	ۇ	ئ	ق	ئ	ى	د	ە	و	ى	ل	ۋ

ئالما شىركىتى
ئۈرۈك
بانان
بۆلجۈرگەن
نورۇز
كوكۇس
ئۈزۈم
ئۈزۈمزارلىق

لىمون
لىجى
قوغۇن
ئاپېلسىن رەڭ
شاپتۇل
نەشپۈت
ئاناناس

54 - Engineering

ئ	س	ئ	ې	ن	ې	ر	گ	ى	ي	ە	ھ	م	ژ
ې	ۆ	ۇ	د	ى	ئ	ا	گ	ر	ا	م	م	ا	ق
ق	ي	ل	ي	ڭ	غ	ل	خ	ن	ن	س	ل	ۋ	ۇ
ش	پ	ژ	چ	ۇ	ە	ي	ى	چ	ى	د	پ	م	ر
ۋ	ە	ڭ	غ	ە	ق	و	ئ	س	ش	پ	ژ	ق	ۇ
د	ى	ز	ې	ل	ش	ل	ق	ھ	ا	چ	ي	ۈ	ل
ق	ۇ	ر	ۇ	ل	م	ا	ۇ	و	م	و	ر	گ	ۇ
ۆ	غ	ش	ن	ب	ا	ۇ	ۆ	ق	ھ	ڭ	ڭ	ز	ش
د	ى	ئ	ا	م	ې	ت	ى	ر	ى	ق	ت	د	ي
ك	ۈ	چ	ق	ۇ	ۋ	ۋ	ە	ت	ڭ	ۇ	ل	ۇ	ب
ن	د	م	ۇ	ق	ى	م	ل	ى	ق	ر	و	م	ھ
م	و	ت	و	ر	و	ن	ر	ي	ە	ل	ل	خ	ز
ھ	ې	س	ا	ب	ل	ا	ش	ڭ	ۋ	ۇ	م	ە	ھ
غ	خ	ت	ۈ	ى	ر	ش	ى	ت	ى	ق	ر	ا	ت

بۇلۇڭ
ئوق
ھېسابلاش
قۇرۇلۇش
چوڭقۇرلۇق
دىئاگرامما
دىئامېتىرى
دىزېل
تارقىتىش
ئېنېرگىيە
موتور
سۇيۇقلۇق
ماشىنا
ئۆلچەش
مۇقىملىق
كۈچ-قۇۋۋەت
قۇرۇلما

55 - Government

ق	ى	ل	چ	ن	ې	ت	ي	چ	س	ئ	ك	ك	ئ
ۋ	ق	ر	گ	ك	ى	ل	ن	ى	ك	ر	ە	ئ	ا
ە	ب	ت	ك	ى	ل	ر	ە	ۋ	ا	ر	ا	ب	س
ي	ق	ۇ	ت	ۇ	ن	ى	ر	ڭ	م	ە	پ	ئ	ا
ى	پ	ۆ	ا	ې	ز	ې	ر	ۇ	س	ب	ۇ	ە	س
ت	ە	ل	ا	د	ا	ئ	ھ	ق	ى	ھ	ق	د	ى
ا	ە	ب	ا	ە	ت	ا	م	ا	ي	ە	ر	ل	ي
ر	ۈ	پ	ې	ۇ	ك	ت	ر	ن	ا	ر	ا	ى	ق
ك	ش	ب	ي	ى	ھ	ە	ۆ	ۇ	س	ش	ل	ي	ا
و	ب	ل	م	ې	خ	ل	ن	ن	ە	ئ	ى	ە	ن
م	ھ	ە	ق	ت	ە	ل	ە	پ	ت	ف	ق	ل	ۇ
ې	گ	ق	ى	ل	ل	ى	ق	ە	ت	س	ۇ	م	ن
د	ز	ف	ژ	ھ	ھ	م	غ	ە	د	ى	ب	ا	ئ
ۋ	ر	ز	ت	چ	م	ر	ە	ل	ى	گ	ل	ە	ب

قانۇن
رەھبەر
ئەركىنلىك
ئابدە
مىللەت
تىنچلىق
سىياسەت
نۇتۇق
بەلگىلەر

پۇقرالىق
ھەق تەلەپ
ئاساسىي قانۇن
دېموكراتىيە
مۇھاكىمە
باراۋەرلىك
مۇستەقىللىق
ئەدلىيە
ئادالەت

56 - Art Supplies

ز د ۇ ۆ س ۆ ې ې ش ئ م ى ۇ ئ
د ل و ز ە ا ب ڭ غ ا غ ژ ق و
ڭ ي ۋ ش ى ې ر ۆ گ ك ن ۇ ت ي
ق ۋ ڭ ب د ن ج ج ك ر م ش ى پ
چ ق ق پ ۆ م ب خ ش ى ش ك ج ى
ۋ ۇ ە د ج ە د ۋ ە ل ك ھ م ك
غ د غ گ ا ك ت و چ ى ق ى م ى
د ن ە ت ۇ ز د ت ە ك ل ۇ س ر
ب ۇ ز ز ز ف ھ ې ل ې ۆ ې ې ل
ا ر ې م ا ك گ ە ي ق م غ ە ە
م و ز ر ە ژ د ت ب ز ا ت ڭ ر
ن ئ غ ۋ ئ ى ج ا د ى ي ل ى ق
ژ ۆ ا ف چ ز ش ئ ق د ھ ت ا ز
ئ ر پ ژ ي پ و ف خ ن ش ۆ ف ر

ئاكرىلىك
چوتكا
كامېرا
ئورۇندۇق
ئىجادىيلىق
يېلىمى

ئوي-پىكىرلەر
ماي
قەغەز
جەدۋەل
سۇ

57 - Geometry

د ې و ا ن چ ب گ ۋ غ م ل ن ب
ق ڭ ە ھ ە ە ل س ن ۆ و ى و ك
ك ى ت ب ز م ك ا ل گ س ي ب ۇ
د ۇ ۆ ق ە ب ژ ن ى ب ئ ف ۋ ۋ
خ ل ى ي ر ى غ ك ە ې ك و ە ا
م ې س س ى ر ا ت گ ھ ل ت ر د
ت ك ت ۋ ي ە م ى ڭ ۇ ل ۇ ب ى
ن خ ب س ە ك ز ئ ە م گ ە ئ ر
ھ ې س ا ب ل ا ش ك ا خ ت و ا
ت ە ڭ ل ى م ە ز ر ئ غ ە چ ت
غ ھ ت ك ى ر ى ت ې م ا ئ ى د
ك پ ى ە ي ى ر ى ت ې م م ى س
ۇ گ ې ۆ ې ك ە ج ر ۇ ب چ ۆ ئ
پ ۋ ج ي ۆ م ك و س غ ت ۋ گ ۆ

بۇلۇڭ
ھېسابلاش
چەمبىرەك
ئەگمە
دىئامېتىر
تەگلىمە
بوي ئېگىزلىكى
لوگىكا

مېسسى
سان
نىسبەت
كۋادرات
سىممېترىيە
نەزەرىيە
ئۈچ بۇرجەك
تىك

58 - Creativity

ن	ى	ت	خ	و	ت	م	ا	ھ	ل	ى	ئ	ق	ئ
ڭ	ل	ې	ب	چ	ۇ	ۈ	ڭ	ر	ف	ھ	ۆ	ك	خ
چ	ژ	ت	ا	ۆ	و	ف	ۇ	ە	ې	ئ	ز	ە	و
ش	ھ	ن	ن	ى	ۈ	ئ	ب	س	ر	م	ل	ي	خ
ر	ۇ	ۋ	ۋ	ە	س	ە	ت	ى	ە	ۆ	ۈ	پ	س
ە	خ	د	ۇ	د	ف	ۈ	ب	م	ل	ك	ك	ى	ې
ە	و	ى	ر	ا	ب	ت	ز	ن	ر	ڭ	ى	ي	ز
ا	ۈ	ې	ژ	پ	خ	ب	پ	ۈ	ى	ق	د	ا	ى
گ	س	ى	ق	ى	م	ل	ا	س	ك	ى	ى	ت	ش
ج	ج	ې	ھ	ئ	ژ	د	ژ	ڭ	ى	ل	ن	ژ	د
د	ى	ر	ا	م	م	ا	د	ر	پ	ن	ۈ	گ	ھ
م	ا	ھ	ا	ر	ە	ت	ت	ژ	ي	ى	ك	ك	ل
ك	ە	ش	پ	ى	ي	ا	ت	س	و	چ	ن	ې	پ
گ	پ	گ	ھ	ش	ل	م	ژ	م	ئ	ە	ق	ر	ق

چىنلىق
سۈزۈكلۈك
درامما
كەيپىيات
ئىپادە
ئوي-پىكىرلەر
رەسىم

تەسەۋۋۇر
ئىلھام توختى
سالمىقى
كەشپىيات
سىزىش
ماھارەت
ئۆزلۈكىدىن

59 - Airplanes

ق	م	ج	ن	ا	م	س	ا	ئ	ى	ر	ق	ف	ئ
ش	ۇ	ي	ن	ې	و	ك	ى	ك	ف	ر	ل	ھ	ا
ا	غ	ر	ك	ق	ت	ژ	ك	ى	ت	ز	ې	ب	ت
ر	ى	چ	ۇ	ل	و	ي	ى	ل	ق	م	ف	ھ	م
پ	ش	ۇ	غ	ل	ر	ج	ل	ى	و	ې	ز	د	و
ن	ق	ل	ل	ۆ	ۇ	ھ	ز	چ	ك	ې	ج	ۋ	س
ف	ۈ	د	ى	ە	ئ	ش	ى	ل	ى	ن	ۆ	ي	ف
ق	خ	م	ق	ش	ۇ	ر	گ	ۈ	ل	ې	ت	ە	ې
ل	و	د	ې	ې	چ	ا	ې	ك	ز	گ	ۇ	ج	ر
م	ا	ن	ي	ە	ق	ت	ئ	ك	ى	و	ر	م	ا
ۇ	ۋ	ھ	ۇ	ۆ	ۇ	ت	ي	ە	گ	ر	ب	ف	ۇ
ش	ا	خ	ى	ش	چ	ھ	و	ۋ	ې	د	ب	ي	ا
ت	ھ	ن	ر	ي	ى	ۆ	ب	ە	ئ	ى	ى	ا	ق
ۋ	و	خ	ۆ	م	ە	ا	ت	ت	ك	ھ	س	ي	ن

تەۋەككۈلچىلىك
هاۋا
ئېگىزلىك
ئاتموسفېرا
شار
قۇرۇلۇش
لاھىيە
يۆنىلىش
موتور
يېقىلغۇ
بوي ئېگىزلىكى
ھىدروگېن
مۇشت
قونۇش
يولۇچى
ئۇچقۇچى
ئاسمان
تۇرببس

60 - Force and Gravity

ى	ش	پ	و	خ	چ	ا	ك	ى	ز	ى	ف	ۋ	م
ق	ۆ	ب	پ	ر	ۈ	ت	ې	ت	چ	ت	ۈ	ب	ا
ۋ	ئ	م	گ	د	ت	ل	ڭ	د	ق	ۈ	ر	ز	گ
ھ	غ	ك	ڭ	ك	ى	ز	ى	ك	ر	ە	م	و	ن
ئ	و	ر	ب	ى	ت	ا	ي	ژ	ئ	ھ	ز	ۆ	ى
ا	ۋ	ڭ	چ	ڭ	چ	ق	ى	ل	ى	ر	ا	ئ	ت
ۋ	ت	ۈ	ش	ۋ	ڭ	ك	ش	ا	ق	ي	ا	ب	س
و	و	ە	ب	ە	ف	ز	خ	ا	ت	ش	د	م	ك
و	ق	غ	ئ	و	ق	م	ې	خ	ا	ن	ى	ك	ى
ف	ل	ا	س	ر	ې	ۋ	ى	ن	ۇ	ئ	ت	ن	ي
ي	ت	ب	ۆ	ج	ۈ	ب	ې	س	ى	م	ق	ل	س
ۇ	ۆ	س	ت	ئ	خ	س	پ	ۋ	ل	ۇ	ا	ج	ي
ې	ھ	ب	ش	گ	س	ك	چ	ھ	ي	گ	ۋ	ل	ە
ب	گ	ې	ب	خ	ا	س	ل	ى	ق	ف	ج	ج	ن

ئوق
مەركىزى
بايقاش
ئارىلىق
كېڭىيىش
ماگنىتسكىي
مېخانىك

ئوربىتا
فىزىكا
بېسىم
خاسلىق
سۈرئەت
ۋاقىتدا
ئۇنىۋېرسال

61 - Birds

ق	ش	ت	ا	ژ	ت	ت	د	م	ز	ۈ	ې	م	ز
ھ	ۇ	ا	چ	ئ	س	ۇ	غ	ە	ف	م	ي	ژ	ب
ز	ې	ش	ت	ې	ە	خ	ك	ش	ۆ	گ	ئ	ڭ	و
ې	ن	ر	ق	ۇ	ق	ۇ	ى	ر	ە	ت	پ	ە	ك
ز	ڭ	ت	و	ا	ت	م	ژ	ە	م	س	ش	غ	ې
ق	ك	ب	پ	ن	چ	ژ	و	پ	ى	ى	ب	و	ئ
ك	ى	ت	ۈ	ر	ك	ى	ي	ە	ئ	ا	ې	پ	ژ
چ	ۆ	ڭ	پ	ئ	ە	ش	گ	ش	ت	ۈ	ف	ژ	غ
ف	غ	م	ى	ش	ۆ	گ	ۇ	خ	و	ت	ق	ھ	ھ
پ	ې	ل	ى	چ	ي	ە	ن	ۆ	ز	ۈ	ې	س	چ
ئ	ۆ	ر	د	ە	ك	ۈ	خ	ج	م	ك	ب	غ	ك
ە	ۋ	م	ۇ	ج	چ	ۈ	ق	ۋ	ي	ر	ب	ۋ	ۆ
ۋ	د	ب	ج	ۋ	ل	و	ۈ	ش	ج	ۈ	ا	غ	ت
غ	ا	ز	ى	ت	ھ	ئ	ە	ش	گ	ب	م	ڭ	گ

توز
پېلىچيەن
كەپتەر
قۇشقاچ
مەشرەپ
تۈركىيە
توخۇ گۆشى
ئۆردەك
بۈركۈت
تۇخۇم
غازى
ھېرون
شاتۇت

62 - Art

ت	ە	ي	ى	ر	ى	ئ	ې	ش	ھ	گ	ق	د	ن
ا	غ	ل	ف	ل	م	ف	چ	م	ا	ھ	ل	ى	ئ
ي	ت	ش	س	ۋ	س	خ	غ	خ	ۋ	ا	م	ې	ت
ى	ۈ	ە	ا	ۋ	د	چ	ە	ە	ك	چ	ن	س	ۇ
پ	ئ	ب	ف	ت	ھ	ڭ	و	غ	و	ي	ا	پ	ز
ي	ق	ت	ت	ە	س	ە	ۋ	ۋ	ۇ	پ	ە	ز	د
ە	ھ	ش	س	ى	ن	ۆ	ن	ئ	ا	ك	ي	ڭ	س
ك	ب	ە	ل	گ	ى	ل	ە	ر	ك	ن	پ	ي	ۋ
ۇ	ې	خ	س	ق	خ	غ	ئ	ە	د	ا	پ	ى	ئ
ى	س	ق	ۋ	ڭ	گ	س	ر	ئ	ا	ئ	گ	م	ل
ڭ	گ	ژ	ق	غ	ژ	ۇ	ئ	ت	چ	م	ر	ى	ۋ
ج	چ	ژ	ف	ر	م	ر	ي	ۈ	غ	ي	ۆ	م	ڭ
ل	چ	چ	ج	ت	ك	ج	ق	ڭ	ژ	ڭ	ۈ	ە	ژ
و	ف	ى	ە	ە	پ	ل	ج	و	ۆ	ۈ	ھ	س	ي

ساپار
مۇرەككەپ
ئىپادە
سەمىمىي
ئىلھام
كەيپىيات
ئەسلى
شېئىرىيەت
تېما
تەسەۋۋۇپ
بەلگىلەر

63 - Politics

ئ ە ر ك ى ن ل ى ك ت ر ۈ ئ پ
ا ك ا و ل ۋ غ ش ژ س ر ب ى ا
ۋ ى ب ۇ خ پ ف غ ې ۈ د ي س ئ
ا ل ۋ ف ئ ك ە ب ى ل ە غ ت ا
ت ر ھ گ ف ك د ر غ خ گ ج ى ل
ل ە ۆ س ب ت ۈ ر پ ق و و ر ى
ى ۋ ك ت ا ل ل ى ش ى ې ژ ا ي
ق ا ۈ ز ق ھ ك ك ت ۇ ك ڭ ت ە
ى ر م خ س و ت ى ە م ا ى ې ت
ئ ا ە ك م ۆ ې پ س ب ن خ گ چ
ن ب ت ې ئ ە خ ل ا ق چ ف ى ى
ف ا ت ۋ ز م ز ج ي گ ك ك ي پ
د ې و س ە م ت س ى ب پ ۇ ە و
ت پ ف ت غ ې ى ر س ھ گ و چ ق

پائالىيەتچى
نامزات
تاللىشى
كومېتېت
باراۋەرلىك
ئەخلاق
ئەركىنلىك
ھۆكۈمەت
پىكىر
سىياسەت
ئاۋاتلىقى
ئىستىراتېگىيە
باج
غەلىبە

64 - Nutrition

ئ	ۋ	ى	ت	ا	م	ى	ن	س	ئ	ۇ	ن	ج	ت
ا	ھ	گ	ۇ	د	ف	ش	ش	ۉ	ك	ۆ	م	ئ	ې
ق	ق	ە	ج	ت	و	ۋ	د	پ	س	ڭ	ە	م	ت
س	ك	ى	ز	ش	ڭ	ۇ	ھ	ە	غ	خ	ژ	ف	ى
ى	ا	ش	ر	ى	ر	ە	ل	ت	ە	د	ا	ئ	ت
ل	ل	ك	ۋ	ت	م	ر	ە	ر	غ	ۆ	ر	ى	ق
ې	و	ە	ت	ى	ا	ق	غ	ە	غ	ك	ژ	ي	ۇ
ز	ر	ت	ر	چ	خ	ق	ى	خ	ۇ	ش	غ	م	ل
ر	ى	丁	ج	ې	س	ە	م	ل	ى	ڭ	ې	ي	ا
ۆ	ي	و	ب	ئ	ڭ	ز	ج	ب	ى	ې	خ	ن	ر
ك	ە	گ	ھ	ۆ	ج	ن	ۉ	و	ز	ش	ق	ۇ	د
ت	ە	م	خ	ۇ	ر	ۇ	چ	ل	ى	ر	ى	ج	ف
س	ا	غ	ل	ا	م	م	ف	پ	ئ	د	ئ	ق	ش
س	ۇ	ي	ۇ	ق	ل	ۇ	ق	ل	ا	ر	ژ	ك	ژ

تەكشى
قىرتاق
كالورىيە
ھەزىم قىلىش
يېگىلمەس
ئېچىتىش
تەم خۇرۇچلىرى

ئادەتلەر
ساغلام
سۇيۇقلۇقلار
ئاقسىل
سۇپەت
تېتىتقۇلار
ۋىتامىن

65 - Hiking

ھ	و	ا	گ	ز	ا	غ	گ	ۆ	ئ	ئ	س	ب	ش
ژ	ا	د	ل	ە	و	ب	ۆ	ز	ۈ	ې	ڭ	گ	ا
ھ	ل	ي	پ	س	س	ڭ	ل	ر	ژ	غ	ئ	ق	ر
ن	ا	ئ	ۋ	غ	ف	ۋ	ق	ر	ق	ى	گ	ى	ز
ي	د	ر	ۆ	ا	ھ	گ	و	ۇ	ڭ	ر	ر	ل	ك
ۈ	ب	ې	غ	ت	ن	ت	ا	ش	ل	ا	ر	ر	ە
ز	ش	گ	چ	ى	ۈ	ل	ك	ى	ل	ى	م	ا	ت
ل	ې	ا	ا	ف	ن	ك	ا	گ	چ	ك	ت	ي	ى
ى	ز	ل	ۇ	ي	ھ	ل	ڭ	ر	ك	س	ې	ي	ر
ن	ې	س	ۈ	ھ	ۇ	ې	ى	چ	ۋ	ژ	پ	ە	ە
ى	و	غ	س	ي	ە	ۋ	س	ق	ن	م	ۋ	ت	خ
ش	ا	ي	ۇ	ق	ا	ژ	ە	ش	خ	ۈ	س	س	ل
ئ	ھ	م	س	ل	ت	م	ز	ف	ۆ	ئ	ن	ۇ	ۇ
ف	ف	ت	ى	ل	ۋ	ق	ف	ۈ	خ	ب	ە	ڭ	گ

يۆزلىنىش
تەييارلىق
تاشلار
قۇياش
ھارغىنلىق
سۇ
دالا

ھايۋانلار
ئۆتۈك
لاگېر
كىلىمات
ئېغىر
خەرىتە
تاغ

66 - Professions #1

د	م	ۇ	ز	ى	ك	ا	ن	ت	پ	س	ې	ئ	ژ
و	ئ	ۇ	س	س	ۇ	ل	چ	ى	ى	ۈ	ى	ش	پ
ر	ۇ	ت	خ	و	د	ف	ا	ژ	ئ	ئ	غ	م	گ
ى	ئ	ا	د	ۇ	ك	ا	ت	و	ا	ھ	ج	ب	خ
گ	ر	ت	ت	ژ	گ	س	ر	ې	ن	ې	ر	ت	چ
ە	ژ	ە	ڭ	ۇ	ڭ	ې	ژ	ت	ى	ي	س	پ	ى
ر	م	ا	ت	ر	و	س	ئ	ە	س	ف	ف	ى	پ
ز	ى	ۈ	ژ	ك	ر	ئ	ې	و	ت	ې	د	س	ا
ك	ا	ر	ت	و	گ	ر	ا	ف	ل	ئ	س	خ	ر
ش	ۈ	ھ	ھ	پ	ر	ج	گ	د	ۋ	و	ھ	و	چ
گ	ا	ئ	ن	ە	ئ	و	ۋ	چ	ى	ۈ	گ	ل	ى
خ	چ	س	س	ا	ت	د	و	ن	ت	ج	ك	و	ژ
ئ	ا	ل	ى	م	ئ	ە	ھ	ە	ت	ج	ش	گ	ش
گ	خ	ۈ	ئ	ا	س	ت	ر	و	ن	و	م	خ	ج

ئاسترونوم
ئادۇكات
كارتوگراف
ترېنېر
ئۇسسۇلچى
دوختۇر
تەھرىر
گېئولوگ
ئوۋچى
مۇزىكانت
سېستىرا
دورىگەر
پىئانىست
چىپارچى
پسىخولوگ
ماتروس
ئالىم ئەھەت

67 - Barbecues

پ	س	ڭ	م	م	چ	ج	ئ	پ	ا	ئ	ت	پ	گ
ب	م	ا	ھ	م	ف	ب	ا	ل	ق	و	ۇ	و	ى
ب	ۋ	ې	ل	ق	ق	ا	ئ	ژ	ى	ي	ز	ب	س
ا	گ	چ	ۋ	ا	ژ	و	ى	گ	ل	ۇ	ئ	ە	س
ل	ې	ا	ت	ە	ھ	پ	ل	ر	چ	ن	ت	ف	ب
ى	ز	ھ	س	و	چ	ل	ە	ز	ا	ل	خ	و	ش
ل	ى	گ	ر	ا	خ	ى	ا	خ	ئ	ا	ڭ	ا	چ
ا	ۆ	ز	ب	ژ	ج	ۇ	ۋ	ر	ە	ر	[illegible]	ا	ن
ر	ا	ل	ت	س	و	د	گ	ە	ي	ا	ۈ	ق	ك
ق	ى	ز	ى	ل	م	ۇ	چ	ۆ	ە	ە	ج	ا	گ
ك	ۆ	ك	ت	ا	ت	ل	ا	ر	ش	ې	ف	چ	د
ف	د	ف	د	ا	ت	ق	ۇ	ن	ق	ى	ز	ى	ق
ي	ى	م	ە	ك	ئ	ى	چ	م	ە	ك	ت	پ	ۇ
ك	ە	چ	ل	ى	ك	ت	ا	م	ا	ق	ي	ا	ز

توخۇ گۆشى
بالىلار
كەچلىك تاماق
ئائىلە
يېمەك-ئىچمەك
دوستلار
مېۋە-چېۋە
ئويۇنلار
قىزىق نۇقتا

ئاچلىق
پىچاق
قىزىلمۇچ
سالاھلار
تۇز
ياز
شوخلا
كۆكتاتلار

68 - Vegetables

چ	م	ې	ش	و	خ	ل	ا	ۈ	ڭ	ف	ې	ۈ	ل
غ	ى	ن	ى	چ	ۈ	چ	ۈ	چ	ۇ	ڭ	ڭ	ئ	ا
ې	م	ڭ	ۇ	ش	ۈ	ن	ژ	ش	ي	ك	ې	و	ا
ك	ك	ڭ	س	د	ڭ	چ	ۈ	ژ	ب	ج	م	ب	ۋ
ت	ن	ا	ق	ە	ت	ە	ر	خ	ە	م	ە	ك	ھ
م	ۇ	چ	ۋ	ب	ي	ە	س	ك	ە	چ	ې	چ	ر
د	ت	ر	ق	ا	س	م	ا	س	غ	ھ	ر	ن	ش
ي	ي	ك	ۇ	ي	ڭ	ا	ي	خ	پ	ا	ل	ە	ك
س	ە	س	ا	پ	ژ	ۆ	ل	غ	و	ل	چ	گ	ت
ە	ز	غ	ت	ج	غ	ى	ھ	م	ل	ا	غ	ى	ھ
ۋ	پ	ى	خ	د	ئ	ۈ	ج	و	د	س	ۈ	د	ن
ز	ا	ي	ى	پ	ش	ا	ب	گ	خ	چ	ى	ې	ۋ
ە	ا	خ	ت	ھ	پ	ۈ	ك	ۇ	ج	د	ۆ	پ	ھ
ز	ە	ن	ج	ى	ۋ	ى	ل	چ	ر	ز	غ	ە	ھ

سەۋزە
چېچەكسەي
چېڭسەي
تەرخەمەك
پېدىگەن
سامساق
زەنجىۋىل
موگۇ
زەيتۇن

باش پىياز
ياڭيۇ
كاۋا
تۇرۇپ
سالاھ
پالەك
شوخلا
چۈچۈچىنى

69 - The Media

ق	چ	پ	م	ۇ	م	غ	ي	ه	ھ	ا	س	ر	ز
ي	و	ا	ھ	خ	ۉ	ت	ن	ه	ش	ى	ر	ى	ز
ھ	ش	ك	ي	ۇ	ا	ن	ن	ج	پ	گ	ي	ن	گ
ل	ز	ى	س	و	د	ا	ت	ى	ج	ا	ر	ه	ت
خ	ه	ت	ق	ئ	ف	ن	ب	ي	ل	د	ۋ	پ	ت
ر	غ	ل	ھ	م	ن	ې	ه	ى	ق	ر	غ	و	ه
ش	ې	ا	ر	ا	گ	ر	ي	و	ف	و	ر	ھ	ئ
م	خ	ر	ى	خ	ل	ل	ھ	ى	ى	ت	ز	خ	ا
ب	م	م	ا	ى	ى	س	س	ئ	ۉ	ئ	ۇ	د	م
ۆ	ز	ت	ك	ق	ئ	ت	ز	ڭ	ق	ج	ژ	ش	ا
ك	خ	ب	ۇ	ك	س	ئ	ۇ	ت	ھ	ڭ	ل	ھ	ج
چ	س	ت	ئ	ڭ	ر	ى	ك	ى	پ	ف	ڭ	ش	ج
ۆ	ى	ز	ۋ	غ	ئ	غ	و	ې	س	ۆ	ۆ	ژ	ج
و	ت	ه	ج	ا	ر	ى	خ	ه	ق	ا	ل	ا	ئ

زىيالىيلىق
يەرلىك
تور
توردا
پىكىر
جامائەت

سودا-تىجارەت
ئالاقە
نەشرى
پاكىتلار
خىراجەت
ساھە

70 - Boats

ژ	ج	م	ۆ	ق	ب	ژ	ڭ	ئ	چ	ك	س	ھ	پ
ئ	ڭ	ۋ	ڭ	ر	خ	ۇ	خ	س	ش	م	ە	غ	ژ
ت	ف	ي	ز	و	ت	ا	ي	ر	ە	د	ي	ۋ	ب
ل	ا	س	ە	ت	پ	گ	ب	ۈ	ز	ې	ل	گ	ۋ
گ	چ	ش	ئ	و	ك	ي	ا	ن	ي	گ	ە	ي	پ
چ	م	د	ق	م	ق	گ	ز	ە	ب	ج	ك	م	ل
ژ	ا	ش	ز	ى	ڭ	ې	د	ۇ	ڭ	ت	ې	ا	ر
ج	غ	ت	د	ز	ن	چ	ي	ۋ	ۇ	ك	م	ت	ي
ق	ر	ە	گ	ڭ	ە	ل	گ	و	ن	ى	ى	ر	ق
ق	ا	ر	و	ز	ڭ	ر	ل	ر	ش	ڭ	س	و	د
گ	ئ	ك	ۆ	ل	ت	ھ	ۋ	س	ش	ژ	ى	س	ف
س	ن	ھ	ۈ	ز	پ	ې	ج	ئ	ە	ۆ	د	ۈ	ۆ
ر	ۆ	ت	گ	ب	ۈ	و	ل	ن	ت	ج	ب	ۈ	ې
ب	ۈ	ى	ش	و	ل	ق	ي	ت	ج	چ	د	و	ھ

لەڭگەر
بۇيۈي
موتور
كۆل
ئوكيان
سال

دەريا
ئارغامچا
ماتروس
دېڭىز
تاشقىن
سەيلە كېمىسى

71 - Activities and Leisure

ل	ت	ې	ن	ن	ى	س	ت	و	پ	ئ	ە	د	ۋ
ك	ا	ە	ۆ	ت	غ	س	ى	ا	ك	ف	ئ	ش	ا
گ	ا	گ	ۋ	ش	گ	غ	ش	ۈ	ز	ۈ	ئ	ۇ	س
پ	ۋ	ل	ې	ف	س	س	ە	چ	ھ	خ	ر	ى	ك
ۇ	ا	د	ت	ر	ل	ڭ	چ	ي	ۈ	ئ	ە	و	ې
ت	ل	ش	ر	ە	د	ا	ز	ا	ئ	ۇ	ئ	غ	ت
ب	ى	ف	ف	ئ	ك	ت	غ	ل	خ	ر	س	و	ب
و	ب	م	م	د	م	ت	ە	ھ	ا	ي	ا	س	و
ل	و	ژ	ا	ك	پ	پ	و	ت	ف	ل	و	گ	ل
ج	ل	ۇ	ب	و	ك	س	ۋ	پ	پ	ي	پ	ە	ق
م	ئ	ب	ې	ل	ى	ق	ت	ۇ	ت	ۇ	ش	ل	ژ
ب	ا	غ	ۋ	ە	ن	چ	ى	ل	ى	ك	خ	ى	گ
د	و	ل	ق	ۇ	ن	ق	ا	د	ى	ر	ز	ى	ڭ
غ	ە	ت	ت	ت	ن	و	ې	ە	و	ش	س	ت	م

كالتەك توپ	ئازادە
ۋاسكېتبول	پۇتبول
بوكس	دولقۇن قادىر
لاگېر	سۇ ئۈزۈش
بېلىق تۇتۇش	تېننىس توپ
باغۋەنچىلىك	ساياھەت
گولف توپ	ۋالىبول

72 - Driving

پ	ئ	ۆ	م	ا	ت	پ	پ	چ	س	م	ى	ك	ۋ
ى	ى	گ	ا	گ	ى	ۆ	ف	ت	و	ر	م	ۇ	ز
ي	ج	ە	ش	س	ل	خ	ف	ب	ش	ۆ	ھ	ف	ف
ا	ا	ژ	ى	ۇ	ك	ش	ر	ۇ	پ	ر	ج	گ	م
د	ز	س	ن	ب	ى	خ	ە	ت	ە	ر	ل	ى	ك
ى	ە	ا	ا	ۇ	س	ف	ت	ە	ت	ۇ	س	و	ھ
ل	ت	ق	ن	ت	و	ق	ە	ئ	ى	پ	ۆ	ئ	ي
ە	ن	چ	ف	پ	ت	ق	خ	ر	ر	و	ق	ى	غ
ر	ا	ى	و	ا	و	ە	ھ	ۈ	ە	ش	ف	ڭ	ب
گ	م	و	س	ئ	م	ڭ	ا	س	خ	ن	ۆ	ۇ	ل
ا	ە	ش	غ	ا	ھ	ت	د	ت	و	ن	ې	ل	س
ز	ت	ى	ر	ا	د	ق	ى	م	م	ى	ق	ې	ئ
ي	ې	ق	ى	ل	غ	ۇ	س	گ	س	ى	ج	ك	ۇ
ڭ	م	ۆ	ې	ا	ژ	ر	ە	ې	غ	ك	ك	گ	ق

هادىسە
تورمۇز
ئاپتوبۇس
ماشىنا
خەتەر
شوپۇر
يېقىلغۇ
گاز
ئىجازەتنامە

خەرىتە
موتوسىكلىت
پىيادىلەر
ساقچى
يول
بىخەتەرلىك
سۈرئەت
ئېقىم مىقدارى
تونېل

73 - Cycling

ئ	ا	ر	ى	ل	ى	ق	س	ش	ۆ	پ	د	ڭ	ۋ
ە	ۆ	م	ې	م	ب	ل	ۈ	ر	خ	ي	ۆ	ت	ې
ق	ا	ل	پ	ا	ق	ز	ر	چ	ت	ق	ڭ	ش	ل
ى	ل	د	ب	ج	ر	ۋ	ئ	چ	و	ې	ك	چ	ى
ب	ۈ	ت	ۇ	ي	ج	ت	ە	د	ژ	ۆ	ۆ	ا	س
ا	ي	ب	و	و	ې	ب	ت	ج	خ	ې	ۋ	ى	ى
س	ې	و	ي	ر	ھ	خ	گ	ئ	ۋ	ي	ر	ە	پ
ۇ	ۆ	ژ	د	ت	ە	ۋ	ۋ	ۇ	ق	چ	ۈ	ك	ى
م	خ	ج	د	ك	گ	ت	ت	چ	پ	ا	ك	چ	ت
گ	ش	ن	چ	ت	ك	و	ر	و	ا	ۆ	ز	ز	ر
ي	ۈ	س	ا	غ	ل	ا	م	ې	ر	ق	ز	ا	ت
چ	ژ	ۆ	ۋ	ې	د	ز	ە	ھ	ن	م	ل	ك	ق
ھ	و	ل	ق	گ	ئ	م	ف	م	ڭ	ې	ۇ	ا	غ
ۋ	ن	س	ك	ف	ب	ق	ز	ب	ل	ز	ر	ز	ر

ۋېلسىپېت
تورمۇز
ترېنېر
مۇسابىقە
ئارىلىق
ساغلام
قالپاق
دۆڭكۆۋرۈك
سۈرئەت
كۈچ-قۇۋۋەت
چاقلار

74 - Professions #2

ف	م	د	ز	خ	ۇ	ك	م	ۇ	خ	ب	ى	ر	د
و	ۇ	ب	و	ن	ي	و	ا	غ	ۇ	ش	گ	ى	ې
ت	ئ	ل	ش	خ	ق	و	س	ك	ڭ	گ	و	ش	ھ
و	ە	گ	غ	ك	ت	م	س	ڭ	ر	ب	ل	ق	ق
گ	ل	د	چ	ك	خ	ۇ	ە	ب	ا	د	و	ۇ	ا
ر	ل	ە	ت	س	ا	ف	ر	ز	ز	خ	ئ	ا	ن
ا	ى	چ	ۇ	ق	چ	ۇ	ئ	ن	ۋ	ۈ	و	ھ	ئ
ف	م	س	ۇ	م	ئ	ا	ك	د	ې	ۋ	ز	ا	ر
خ	ۋ	ڭ	ى	ر	ۇ	ت	خ	و	د	ش	ى	چ	پ
ئ	ى	ن	ژ	ې	ن	ې	ر	غ	چ	ى	ى	ۆ	ج
پ	ز	ف	ز	ى	چ	ت	ا	ق	ى	ق	ت	ە	ت
ى	چ	ت	ا	ي	ى	پ	ش	ە	ك	خ	ش	ت	ر
پ	ە	ي	ل	ا	س	و	پ	ب	ا	غ	ۋ	ە	ن
ت	ى	ل	ش	ۇ	ن	ا	س	م	ھ	ھ	ل	ۋ	س

چىش دوختۇرى
رازۋېدكا
ئىنژېنېر
دېھقان
باغۋەن
كەشپىياتچى
رازۋېدچىك
مۇخبىر
تىلشۇناس

رەسسام
پەيلاسوپ
فوتوگراف
دوختۇر
ئۇچقۇچى
تەتقىقاتچى
مۇئەللىم
زوئولوگ

75 - Emotions

ق ڭ ئ ۆ ت چ خ ك ى پ ى ز ە غ
ا م ې ھ ر ى ب ا ن ل ى ق ت د
ي ۇ ت ك ى ل م ە ج ر ى ت ا خ
غ ھ ژ د ك ى ل ن ە م ى ز ا ر
ۇ ە ق ۆ ۋ ئ ە غ س ۆ س ل ي ئ
ر ب ر ق گ ق ى ل ن ا ر م ۇ ي
ۇ ب ۋ ى ى د ف ە ك غ ش ى ق ت
ش ە ت ل ش ۋ ك ۋ ر ق ى ل ى ش
ق ت د ش ل ڭ ت گ ا ۋ ك ن ل و
ق ا ز ا ۋ ې ئ ب ە پ ى خ چ ې
ش ئ ۆ د ر ۋ پ ھ ۋ چ ر ت ن و
م پ ج س ا پ ى ە ل ۆ ې ق ې ژ
ك ۇ و ې ق م چ ى ت ئ ز و ت ڭ
ل ل و ھ ە ل ق ڭ ھ ا ي ې ۆ ۇ

مۇھەببەت
تېنچلىق
قايغۇرۇش
رازىمەنلىك
ھېسداشلىق
يۇمرانلىق
خاتىرجەملىك

غەزىپى
زېرىكىش
تىنىچلىق
ۋەھىمە
شۈكۈر قىلىش
شادلىق
مېھرىبانلىق

76 - Mythology

ق	ۇ	ل	خ	ە	م	ي	چ	ئ	ك	ھ	غ	ي	ڭ
ت	ە	ي	ا	ۋ	ى	ر	ۆ	ا	ا	ھ	ك	ز	ف
ې	د	ھ	ي	ئ	ش	ۈ	ۇ	ى	ق	س	و	ھ	ئ
غ	گ	ب	ر	خ	ك	ر	ك	گ	ت	م	م	ۆ	ى
ى	چ	ت	ۋ	ى	ت	ى	ك	ر	ە	ھ	ا	ا	ى
ك	ز	ە	ج	غ	م	ۋ	ئ	گ	ئ	ك	ئ	ق	ن
ا	ۈ	ي	ل	خ	ې	ا	ك	ھ	ۆ	ۈ	ى	ت	ف
خ	س	ى	س	ل	ئ	ي	ن	ر	چ	چ	ل	ت	ئ
م	ە	د	ە	ن	ى	ي	ە	ت	ئ	ق	ا	ق	ش
ۇ	م	ا	ش	ھ	ى	ق	ھ	ە	ې	ۇ	ھ	ف	س
ق	ل	ج	ە	ڭ	چ	ى	ۋ	پ	ل	ۋ	ل	ت	خ
غ	ۆ	ى	ژ	ۈ	ە	خ	ز	ا	ى	ۋ	ا	ڭ	پ
پ	ئ	ئ	ز	پ	ش	ە	ش	ئ	ش	ە	ر	ق	ش
ئ	ې	ت	ى	ق	ا	د	ل	ا	ر	ت	ژ	ن	ش

ھەركىتى
ئېتىقادلار
ئىجادىيەت
مەخلۇق
مەدەنىيەت
ئىلاھلار
ئاپەت
ئاسمان

قەھرىمان
ئۆلمەس
رىۋايەت
چاقماق
ئۆچ ئېلىش
كۈچ-قۇۋۋەت
جەڭچى

77 - Hair Types

ن	ا	م	ى	س	ن	ۇ	ق	ل	و	د	ن	ھ	ې
ب	ڭ	ە	ر	ا	گ	ڭ	ە	ر	ى	چ	ې	چ	م
ق	ج	ك	ج	غ	ق	ئ	ق	ب	ك	ب	پ	ك	ل
ې	گ	و	ن	ل	س	ۇ	ە	ې	ى	ج	ى	ى	ۆ
ى	ا	ت	م	ا	ج	ئ	ر	د	ل	ش	ز	ا	ل
ۋ	ر	ن	ھ	م	ز	ا	م	غ	ى	ى	ن	ف	ڭ
ب	ۋ	گ	ۋ	ر	ي	ق	ڭ	ڭ	ا	ب	ن	ي	ۋ
چ	ت	و	ك	ق	ۇ	س	چ	غ	ڭ	ق	ل	چ	گ
ھ	ت	ە	و	ى	م	ۋ	ف	ئ	ژ	ى	ز	ە	ې
ف	ئ	ې	ۋ	س	ش	ۋ	غ	ى	ق	ا	ر	ا	ر
ى	ش	گ	پ	ق	ا	ق	و	ڭ	ۇ	ر	ر	ە	ڭ
ژ	ۇ	ھ	ز	ا	ق	ك	ۋ	ل	ر	ە	ڭ	ش	ك
پ	ا	ر	ق	ى	ر	ا	ق	ھ	ج	ف	گ	غ	ا
ا	ي	ق	ۆ	ك	ژ	د	ج	ۋ	ر	ي	ب	ي	ر

قارا
ئەدىبلەر
قوڭۇر رەڭ
رەڭگارەڭ
بۋگۋر
قۋرغاق
كۋلرەڭ
ساغلام

پارقىراق
قىسقا
يۇمشاق
قېلىن
نېپىز
دولقۇنسىمان
ئاق

78 - Garden

گ	پ	ر	ئ	س	خ	م	ي	ج	خ	غ	ئ	ب	س
ب	ۇ	ۈ	ى	و	گ	ۈ	ر	ج	ە	ك	و	ا	ب
ش	ف	ل	م	ت	ر	غ	د	ۇ	ر	ژ	ت	غ	ۇ
ب	گ	گ	س	ۈ	د	ۇ	ا	ۆ	ە	و	چ	ۋ	ش
م	ر	ف	ك	ا	ھ	ق	ن	ئ	د	ل	ۆ	ە	ە
ژ	چ	چ	د	ڭ	ر	خ	س	د	ق	ت	پ	ن	ۈ
غ	ې	ل	ھ	ر	ك	ا	ئ	ت	ۇ	ج	ل	چ	ۈ
ك	ئ	ا	ل	ى	س	ۆ	ە	ې	ى	ق	ە	ى	ە
ا	غ	چ	ژ	ش	گ	ۈ	ل	پ	ۋ	ئ	ر	ل	ك
ە	س	ر	چ	ا	ك	و	و	چ	ې	ر	ۈ	ى	خ
گ	ۇ	س	ت	ت	ر	ا	ي	ڭ	ە	ت	م	ك	ۇ
چ	چ	ن	ژ	ك	ن	ن	ۈ	ز	ئ	ك	غ	پ	ن
غ	خ	ۈ	ر	ا	ئ	و	ر	خ	ا	ن	گ	ۇ	خ
خ	ژ	ۋ	گ	ك	ى	ت	ك	ە	س	م	ە	ك	خ

ئورۇندۇق
بۇش
رىشاتكا
گۇلسارا
باغۋەنچىلىك
ئوت-چۆپلەر

كەسمە
ئورخان
كۆلچەك
گۈرجەك
دەرەخ

79 - Diplomacy

م	ه	س	ل	ى	ھ	ه	ت	چ	ى	ۆ	ڭ	د	ق
س	چ	ج	ى	ۆ	ۋ	و	ا	ۇ	ه	ا	ې	ي	ۆ
ه	ش	ر	ت	ھ	ق	ۆ	ف	ز	ق	ف	ل	ج	خ
م	ن	ر	ف	ۇ	غ	ه	م	ا	ن	ت	ر	ه	ش
ى	ي	ف	ن	ت	ش	غ	ق	ا	ل	خ	ه	ئ	م
م	ۇ	ۇ	ن	ه	ت	ل	ه	ئ	ت	ه	چ	ۇ	ھ
ى	ش	ى	چ	ل	ه	ئ	ش	ا	ب	ر	ھ	س	ه
ي	ر	غ	ژ	ا	م	ر	خ	ڭ	ۆ	ا	د	ى	م
ه	ۇ	س	ژ	د	ۈ	ق	ا	ت	ك	ر	ف	ي	ك
ت	ۈ	ز	ر	ا	ك	ۋ	م	ى	ا	ا	ك	ا	ا
ۈ	ز	ۋ	ۋ	ئ	ۆ	ۆ	م	ن	ف	ق	ش	س	ر
ى	ه	ۈ	م	ه	ھ	ه	ل	ل	ه	ك	ف	ه	ل
ھ	گ	خ	ا	ن	ا	خ	ى	چ	ل	ه	ئ	ت	ى
غ	ز	ر	ك	ى	ل	ر	ه	ت	ه	خ	ى	ب	ق

مەسلىھەتچى
باش ئەلچى
مەھەللە
توقۇنۇش
ھەمكارلىق
مۇھاكىمە
ئەلچىخانا
ئەخلاق
چەتئەل
ھۆكۈمەت
سەمىمىيەت
ئادالەت
تىل
سىياسەت
قارار
بىخەتەرلىك
شەرتنامە

80 - Beach

ئ	ل	ې	ت	م	ج	ل	چ	ك	ۈ	ل	ن	ۈ	ك
و	ش	س	ق	ش	ا	ي	ۇ	ق	ۆ	ج	گ	ې	ز
ك	ۆ	ي	پ	ر	ق	ت	ر	گ	ب	ك	ڭ	غ	ا
ي	ر	ر	ش	ل	ا	ر	ا	ئ	م	ت	ر	ر	غ
ا	ز	ۇ	ز	ۋ	پ	و	م	ق	ى	غ	ا	ە	م
ن	ر	ا	ڭ	چ	چ	ۋ	ۈ	ل	ف	ى	ك	ل	ڭ
ف	ب	چ	ۈ	م	ۇ	ۇ	و	د	ل	ا	گ	ۆ	ر
د	ې	ڭ	ى	ز	ق	ى	ر	غ	ى	ق	ى	ڭ	ە
ۈ	چ	پ	ت	ى	س	و	ۈ	س	غ	ئ	ش	گ	ت
د	ۇ	ق	ە	ڭ	ى	م	و	ە	ا	ۈ	ڭ	ە	ي
ج	ن	ي	ئ	ې	ق	ې	ا	ا	ئ	ن	ف	و	ژ
ې	ژ	ز	ھ	د	پ	غ	ە	ق	ۇ	م	د	ۇ	ج
ن	ۋ	چ	ى	ۆ	ج	خ	ر	پ	ە	خ	ش	ا	ھ
ي	ې	ژ	م	ۆ	ۆ	م	ھ	و	چ	ا	گ	س	ل

كۆك رەڭ
دېڭىز قىرغىقى
قىسقۇچپاقا
ئارال
ئوكيان
قۇم

ساندال
دېڭىز
قۇياش
لۆڭگە
كۈنلۈك

81 - Countries #1

گ	ئ	ى	ت	ا	ل	ى	ي	ە	ئ	ن	ب	ر	ل
ئ	ې	م	ى	س	ى	ر	ە	خ	ى	ى	ر	و	ى
ى	ف	ر	ا	ئ	ى	ر	ا	ق	س	ك	ا	م	ب
س	ى	ۋ	م	د	ۋ	ف	ش	پ	پ	ا	ز	ا	ى
ر	ن	ي	ا	ا	ۋ	ە	ل	ڭ	ا	ر	ى	ن	ي
ا	ل	ې	ن	ل	ن	ي	و	د	ن	ا	ل	ى	ە
ئ	ا	ت	ا	ې	ۆ	ى	پ	ۋ	ى	گ	ى	ي	ى
ى	ن	ن	پ	ئ	ھ	گ	ي	ش	ي	ۋ	ي	ە	ل
ل	د	ا	ن	ۈ	ۈ	ى	و	ە	ە	ا	ە	ب	خ
ى	ى	م	ش	س	ش	ۋ	ز	ك	ڭ	ك	ش	ى	م
ي	ي	ف	ھ	ې	ئ	ر	ل	ا	گ	ې	ن	ې	س
ە	ە	س	ج	ن	ر	و	ق	ر	ز	ى	ز	ش	ڭ
و	ۆ	و	ز	ې	ە	ن	و	ا	د	ا	ن	ا	ك
ۈ	ە	ي	ى	ۋ	ت	ا	ل	م	ب	ك	ر	ۈ	ى

برازىلىيە
كانادا
مىسىر
فىنلاندىيە
گېرمانىيە
ئىراق
ئىسرائىلىيە
ئىتالىيە
لاتۋىيە
لىبىيە

ماراكەش
نىكاراگۋا
نورۋېگىيە
پاناما
پولشا
رومانىيە
سېنېگال
ئىسپانىيە
ۋېنېسۇئېلا
ۋيېتنام

82 - Adjectives #1

غ	ۆ	گ	ئ	س	ې	ى	خ	ج	د	ك	پ	ق	ھ
ئ	ا	ف	ز	ر	ە	ل	م	ە	د	ر	ا	ي	ا
م	ت	ي	ت	چ	ا	ق	ى	ل	د	ا	ش	ى	ز
ن	ۇ	ۋ	ە	ب	ژ	د	ۈ	ى	ئ	ت	ي	م	ى
ئ	ې	ت	د	ت	چ	گ	ۈ	پ	ا	ج	و	ى	ر
و	پ	پ	ل	ە	ز	ۈ	گ	ك	س	ئ	ر	م	ق
خ	ۈ	ي	ى	ە	ل	و	چ	ا	ت	چ	ۇ	ە	ى
ش	خ	ق	ھ	ز	ق	د	ر	ر	ا	ھ	ق	س	ز
ا	ھ	ك	ا	ج	ئ	ا	ك	ت	ى	پ	ل	پ	ا
ش	ۈ	چ	ن	ژ	ف	ۈ	د	م	ى	ھ	ۇ	م	م
ڭ	ف	ق	ۇ	ل	ۇ	غ	ڭ	ا	ر	ا	ق	ر	ا
ۇ	ف	ي	گ	ج	ى	م	ج	ى	ت	ل	ى	ق	ن
د	ز	غ	ى	م	ڭ	م	ە	ر	د	ل	ى	ك	ن
ج	چ	ۆ	ب	ئ	ې	غ	ى	ر	ە	خ	ت	ئ	س

مۇتلەق
ئاكتىپ
جەلپكار
گۆزەل
يورۇقلۇق
قاراڭغۇلۇق
مەردلىك
شادلىق
ئېغىر
ياردەملەر

سەمىمىي
غايەت زور
ئوخشاش
مۇھىم
بىگۇناھ
ھازىرقى زامان
جىمجىتلىق
ئاستا
نېپىز

83 - Technology

ك	و	م	پ	ي	ۇ	ت	ې	ر	ب	ۋ	ھ	خ	ڭ
ى	پ	ي	ف	پ	پ	ژ	م	ۇ	ل	ى	ز	ژ	م
ل	ب	ئ	ۇ	ك	ز	ې	چ	چ	و	ر	ك	ف	ۆ
ر	ت	ل	ۋ	م	ق	ر	و	ۇ	گ	ۇ	ى	م	ۋ
ە	ا	ر	غ	ب	ش	ن	ژ	ئ	ۇ	س	ژ	ر	خ
ت	ق	و	ت	خ	ھ	ا	م	ە	ۋ	ھ	ۇ	م	ئ
ە	ز	م	گ	ۆ	ۆ	ر	ق	ھ	ا	ن	ى	ر	ۇ
خ	گ	ئ	ي	د	ج	ك	ي	د	ر	ف	پ	ھ	ڭ
ى	ۉ	ز	ك	ق	ج	ې	ڭ	ژ	ې	ئ	ت	ز	ژ
ب	د	ى	ك	چ	ە	ئ	ر	ا	م	ت	ڭ	ل	ئ
ق	چ	ل	و	چ	ت	د	ۉ	ر	ا	د	ا	ۋ	ز
س	ى	ت	ا	ت	ى	س	ت	ى	ك	ا	ۆ	ل	ج
ت	ۋ	ك	ئ	ې	ت	و	ر	ك	ۆ	ر	گ	ۉ	چ
ە	غ	گ	ڭ	ي	ش	ى	س	ھ	س	ر	ڭ	ك	ې

بلوگ
تور كۆرگۈچ
كامېرا
كومپيۇتېر
ھۆججەت
ئۇچۇر

ئېكران
بىخەتەرلىك
يۇمشاق دېتال
ستاتىستىكا
مەۋھۇم
ۋىرۇس

84 - Landscapes

ل	ا	ر	ا	ئ	م	ى	ر	ې	ي	ۈ	ج	ۆ	ۇ
د	ۆ	و	و	ر	و	ۇ	س	ل	و	ئ	ى	ب	م
ۆ	ھ	ا	ز	ى	ۇ	ك	خ	ى	ھ	ا	ل	ئ	ۇ
ق	ۇ	م	ل	ۇ	ق	و	ي	ھ	و	ر	غ	ش	ز
ئ	غ	ھ	ى	و	ش	غ	ش	ا	ك	ا	ا	گ	ت
د	ې	ڭ	ى	ز	ك	ل	پ	س	ن	ل	ا	ل	ا
ئ	ۆ	ڭ	ك	ۈ	ر	ر	ف	ج	ل	ت	ش	ا	غ
ب	د	ە	ژ	ئ	ە	د	ى	ب	ل	ە	ر	د	ب
ۈ	ە	ي	ا	ن	ا	ر	ت	ا	غ	چ	ز	ى	د
ۈ	ر	ك	ۈ	ر	ۋ	ۆ	ك	ڭ	ۆ	د	ە	چ	ژ
ۇ	ي	د	ل	ې	د	ڭ	ر	ۈ	ى	ك	م	ى	ۈ
ژ	ا	ش	خ	چ	ن	ن	ب	خ	ل	ۆ	ت	ا	غ
س	گ	ھ	ۋ	ك	غ	ب	ۇ	ش	ت	ل	ق	خ	و
ف	ي	ن	ق	ت	ې	ج	ك	ت	ن	پ	ۈ	ژ	غ

ساھىل
ئۆڭكۈر
كولا
قۇملۇق
ئەدىبلەر
گلادىچى
دۆڭكۆۋرۈك
مۇز تاغ
ئارال
كۆل
تاغ
ئوكيان
يېرىم ئارال
دەريا
دېڭىز
تۇندرا
جىلغا
يانار تاغ

85 - Plants

د	ز	گ	ت	گ	ئ	ت	خ	ب	ۈ	ش	ب	ب	ۇ
خ	و	ش	ۇ	ب	م	و	ە	ش	ل	ف	ا	ۆ	ھ
گ	ك	گ	غ	ل	ن	ۋ	ر	ز	ڭ	ل	غ	ل	ۇ
ۈ	ا	ا	و	ۈ	س	ق	ە	م	م	گ	ۋ	ج	ر
ۋ	ق	ت	ئ	گ	ڭ	ا	د	ۇ	ا	ى	ە	ۈ	چ
ز	ۇ	ئ	ز	ن	ۇ	چ	ر	ب	گ	ن	ن	ر	ب
ن	ي	س	ۇ	ە	ۋ	ر	د	ا	ق	چ	چ	گ	ئ
ف	ا	پ	ڭ	م	ك	ۇ	ب	م	ا	ب	ى	ە	ژ
چ	ش	خ	چ	ى	ۋ	پ	ك	ر	م	ھ	ل	ن	ا
گ	و	ج	ف	چ	چ	م	ت	ق	ر	ھ	ى	ۋ	ۈ
ك	ۆ	ك	ت	ا	ت	خ	ر	م	ۇ	ن	ك	ق	پ
خ	ر	ت	ز	ي	ژ	ۋ	ف	ڭ	پ	د	ە	پ	ى
ئ	و	ت	چ	ۆ	پ	ل	ە	ر	و	ې	س	ى	ف
ژ	د	م	ى	ك	ى	و	ل	غ	ي	ش	م	ۆ	ق

بامبۇك
پۇرچاق
بۆلجۈرگەن
چىمەنگۈل
بۇش
ئوغۇت
گۈلسارا

ئورمان
باغۋەنچىلىك
ئوت-چۆپلەر
يوپۇرماق
قۇياش
دەرەخ
كۆكتات

86 - Countries #2

س	ل	ا	پ	ێ	ن	ا	ی	ر	ە	پ	ج	خ	ش
ی	ۆ	ی	ش	م	ز	ي	ك	ۆ	و	ش	م	ھ	ا
ل	ر	ر	ب	پ	چ	ن	گ	س	ۆ	ق	د	ھ	د
ا	ج	ر	ی	ێ	ا	ە	ي	ی	ر	ێ	گ	ی	ن
م	ئ	خ	ڤ	ي	ر	ك	ژ	ي	ي	و	ي	ي	ا
و	ڤ	ا	غ	ئ	ە	ی	ی	ە	ش	ڭ	ژ	ا	گ
س	ا	ك	ي	ا	م	ا	ي	س	ڤ	ج	ر	پ	ۆ
ۆ	ھ	ا	ي	ت	ی	ە	د	ە	ت	ل	گ	و	ئ
د	س	س	ف	م	ك	د	ی	ي	ش	ا	ی	ن	ە
ا	ئ	ێ	ف	ی	ي	و	پ	ی	ي	ە	ن	ی	ە
ن	م	ێ	ك	س	ی	ك	ا	س	گ	ڭ	ا	ي	خ
ژ	ە	ق	ۆ	ژ	ق	ئ	م	ی	خ	ن	ڤ	ە	ك
د	ا	ن	ی	ي	ە	ن	ك	ر	ۆ	ئ	ی	ف	ش
ش	ك	ا	و	ۆ	ب	ھ	ھ	گ	ك	ا	ل	ئ	ج

دانیه
ئیفیوپیه
گریسیه
هایتی
یامایکا
یاپونیه
کەنیا
لڤان
لیبیریه

مێکسیکا
نیپال
نیگیریه
پاکستان
رۆسیه
سومالی
سۆدان
سۆریه
ئۆگاندا

87 - Adjectives #2

ن	م	س	ن	ھ	ي	ۆ	ى	ر	ز	ي	ق	ت	چ
و	ە	ز	ا	ز	ر	ئ	ن	ە	پ	ى	س	ئ	ى
ر	س	ۋ	ل	غ	ھ	ۋ	ا	س	ۋ	ڭ	ۆ	ۇ	ن
م	ئ	م	ا	ۋ	ل	ۆ	ر	ي	ى	ې	ې	ي	ل
ا	ۇ	ج	د	ژ	ۋ	ا	چ	ە	ش	ي	ش	ق	ى
ل	ل	و	خ	گ	ق	غ	م	ق	ا	ۋ	ې	ۇ	ق
ز	ب	پ	ە	خ	ى	ر	ل	ى	ن	ى	ش	س	ڭ
ق	و	ھ	د	ى	ر	ا	م	م	ا	ھ	ل	ى	ر
ۇ	ل	پ	و	ق	ى	ز	ى	ق	ن	ۇ	ق	ت	ا
ۋ	ۇ	ق	ا	س	ر	و	ق	چ	ا	ئ	خ	ل	ژ
ن	ش	ف	ا	ر	ۇ	ت	ا	ت	ك	ې	د	چ	ف
س	ئ	پ	ق	ر	ا	ل	ق	ى	ل	ڭ	ا	د	ت
ت	ە	ب	ى	ئ	ى	ي	ى	ق	ۇ	ر	غ	ا	ق
ق	ى	ز	ى	ق	ا	ر	ل	ى	ق	ز	ۆ	خ	و

چىنلىق
دېكتاتۇرا
دىرامما
قۇرغاق
نەپىس
داڭلىقلار
ساغلام
قىزىق نۇقتا
ئاچ قورساق
قىزىقارلىق

تەبىئىي
يېڭى
نورمال
ھوسۇللى
پەخىرلىنىش
مەسئۇل بولۇش
ئۇيقۇسى
قەيسەر
دالا

88 - Psychology

چ ى ق خ ق م ي ر چ ى ن خ م غ
ت ۇ ە ق ە ز ج ۈ ر ف ف خ ا ش
ى ر چ س ش ى ش ى ل ك ى ر ى ي
ر ن ى ە ش س ا ت ئ ي ت ز ج خ
ۋ ل ت ي ە ڭ ل ج گ ن ې ر ر چ
ە ف ك ز ە ا ا خ ق س ز ب ش ى
د چ گ و ۈ ئ ھ ش ۇ ن ۇ ق و ت
ق ۈ ۈ ڭ س خ ا ھ د ز ۋ غ ا ن
ى ھ ۆ س پ ي ب ڭ ا پ ي و م ۇ
ل ژ ې ن ب ش ر ا ل ۇ ز ر ا ئ
ى ب ا ر ە ل ر ى ك ى پ ي و ئ
ل ت ا ي ى پ ي ە ك ژ ن ا ك چ
ا ن ش ش ش ۋ ق ى ل ل ا ئ ى ر
ب ز ي ې چ ت ن ى ت ى ك ر ە ھ

باھالاش
ھەركىتى
بالىلىق دەۋرى
يىرىكلىشىش
توقۇنۇش
ئارزۇلار
كەيپىيات
ئوي-پىكىرلەر
سەزگۈ
مەسىلە
رىئاللىق
سېزىش
ئاڭسىز

89 - Activities

ڭ	و	ۋ	گ	ا	ئ	ز	م	خ	ك	ئ	ش	پ	ت
ئ	ا	ر	ا	م	ئ	ې	ل	ى	ش	و	ۇ	ا	ى
م	ئ	ا	ھ	خ	ل	ى	ق	ي	ۆ	ق	ر	ئ	ك
ا	س	ى	م	ۈ	ب	و	پ	ۆ	ۆ	ۇ	ۇ	ا	ك
ھ	ج	پ	ە	ي	ت	م	ۋ	ې	ژ	ش	ت	ل	ۈ
ا	ت	ل	ئ	و	ۋ	ئ	و	ۋ	ل	ا	ش	ى	چ
ر	ە	ا	ئ	پ	ز	ھ	ن	ھ	ي	پ	ا	ي	ى
ە	ز	گ	خ	ۈ	ي	ي	ۋ	م	ە	ا	ش	ە	ل
ت	ز	ې	م	ج	ر	ي	ر	ق	پ	ى	و	ت	ى
ت	ە	ر	ۈ	س	و	ت	و	ف	ڭ	غ	ب	ج	ك
م	ل	ت	ا	ھ	ى	ر	ھ	ا	م	ۇ	ت	ج	د
ڭ	ە	ب	ې	ل	ى	ق	ت	ۇ	ت	ۇ	ش	ز	ى
ئ	و	ي	ۇ	ن	ل	ا	ر	و	ى	ى	ئ	غ	ى
ب	ا	غ	ۋ	ە	ن	چ	ى	ل	ى	ك	گ	ب	غ

پائالىيەت
لاگېر
بېلىق تۇتۇش
ئويۇنلار
باغۋەنچىلىك
ئوۋ ئوۋلاش
ئارام ئېلىش

تاھىر ھامۇت
فوتو-سۈرەت
لەززەت
ئوقۇش
بوشاشتۇرۇش
تىككۈچىلىك
ماھارەت

90 - Money

ې پ ئ و ك ز ب ق ى ن پ ۆ ئ م
ف و ى ۇ ل س ا ە ى د ۆ و ە غ
ب ر ق ل د س ج ر ئ ي ز ب ق غ
غ ت ت ر ۇ ك ف ز ز ب ل ك ز ن
غ م ى ۇ ش ى ت ې س ە خ ك ھ ى
ڭ ا س س م گ ج ا غ ۆ خ ج ش ژ
ە ل ا خ ا م چ و ت ى د ې ر ك
و ك د ر ۇ ك ر ن ن ا ق س ڭ خ
و ئ ې ت ى ب ا ر ب ې ر ى ش پ
ي ا خ ج ئ ز س ر ۋ خ خ ب ھ ي
ى ك ى ل ر ى ب ل ۇ پ س ۆ ھ ۈ
ر ن د ە ل ى م ا ئ ۇ م ل ۇ پ
ب ا ئ ن ە ن ش و س م ى ر ى ك
ق ب ج ن ج ف ج ې ز غ ي ك ش ې

بانكا
خامچوت
ئەرزان
كرېدىت
پۇل بىرلىكى
قەرز
ئېتىبار بېرىش

ئىقتىساد
پۇل مۇئامىلە
مەبلەغ
كىرىم
سېتىش
باج
پورتمال

91 - Business

ب	ۆ	غ	پ	پ	خ	م	ۈ	ن	ي	ڭ	ش	ت	ر
ا	ا	چ	ۇ	ل	و	ن	ا	ك	ۇ	د	ى	و	ش
ش	ي	س	ل	ە	چ	ۇ	ە	ژ	ل	ۈ	ر	چ	ى
ق	ا	ۇ	ب	ق	ك	د	غ	ب	ر	ت	ك	م	ل
ۇ	پ	ئ	ى	ش	خ	ا	ن	ا	ي	ە	ە	ا	ې
ر	ژ	چ	ر	ا	ت	س	س	و	ت	ر	ت	خ	س
غ	ك	ج	ل	ى	ە	ى	ب	ۈ	ب	ا	و	ى	غ
ۇ	پ	ې	ى	ى	ن	ت	ى	ب	ا	ج	ت	ر	ە
چ	ا	ك	ك	ا	ن	ق	و	ۋ	ا	ى	ۇ	ۇ	ل
ى	ي	پ	ى	و	ە	ى	ك	ي	ۋ	ت	ۋ	ك	ب
د	د	ك	ئ	ڭ	ر	ئ	ى	ى	ۋ	ا	ا	د	ە
غ	ا	و	پ	چ	خ	ن	ت	ۇ	ژ	د	ز	گ	م
ۈ	ز	ب	ك	ى	ر	ى	م	ز	م	و	ۋ	ن	ې
ج	د	ۈ	ھ	ژ	ش	ئ	ئ	ى	ل	س	ە	ا	ي

خامچوت
شىركەت
تەننەرخ
پۇل بىرلىكى
ئىقتىساد
خوجايىن
زاۋۇت
كىرىم
مەبلەغ سېلىش
باشقۇرغۇچى
پۇل
ئىشخانا
پايدا
سېتىۋېتىش
دۇكان
باج
سودا-تىجارەت

92 - The Company

م	ە	ھ	س	ۇ	ل	ا	ت	ر	ك	چ	و	ۋ	گ
ن	ۋ	غ	گ	ي	ى	د	ا	ج	ى	ئ	م	ژ	ا
س	ا	د	چ	ۆ	ش	ف	ې	ي	ر	ا	ر	ا	ق
ق	ا	م	ق	ى	ر	ا	ل	ق	ى	ل	ي	ا	ب
ۋ	ك	ھ	ئ	ت	ۇ	ت	ب	ۆ	م	ز	ۆ	چ	ا
ۆ	ز	گ	ە	ا	ئ	ى	م	ك	ا	ن	ى	غ	گ
ۆ	ن	و	ف	ف	ب	م	ھ	ز	ت	س	س	غ	ۈ
ب	ن	ج	ى	س	و	ر	ژ	ف	ە	ە	پ	ر	گ
ۆ	ى	گ	ژ	ف	ج	ە	ۇ	ن	ق	پ	پ	ۋ	ي
ئ	و	ر	ۇ	ن	ل	ا	ر	ي	ا	د	ف	ۆ	ت
ئ	ى	ل	گ	ى	ر	ى	ل	ە	ش	ۇ	ن	ۇ	س
د	ۋ	ۋ	س	و	د	ا	ت	ى	ج	ا	ر	ە	ت
ج	چ	ج	م	ە	ب	ل	ە	غ	س	ې	ل	ى	ش
خ	ە	ۋ	پ	خ	ە	ت	ە	ر	ئ	گ	ى	ر	ر

سودا-تىجارەت
ئىجادىي
قارار
ساھە
مەبلەغ سېلىش
ئىمكان
سۇنۇش
مەھسۇلات
ئىلگىرىلەش
سۆپەت
نام-ئابرۇي
بايلىقلار
كىرىم
خەۋپ-خەتەر
ئورۇنلار

93 - Literature

چ	گ	ب	ى	ې	ي	ى	ر	ى	ئ	ې	ش	ش	ف
چ	ژ	ج	ت	ن	ا	م	و	ر	ي	ە	ې	چ	س
چ	ۈ	ش	ە	ن	د	ۈ	ر	ۈ	ش	ئ	ز	ې	ئ
ل	غ	ت	ب	ۆ	ھ	ژ	پ	د	ى	ر	ل	ت	ا
ب	ە	و	ھ	چ	غ	ر	م	ر	ل	ى	ى	ر	پ
ې	ە	ۋ	ۆ	ج	ا	ئ	ھ	ۇ	ش	ھ	ل	ا	ت
چ	خ	ە	س	ا	ل	ۇ	خ	ت	ز	و	ھ	گ	و
ې	ى	و	ئ	ۇ	س	ل	ۇ	ب	خ	گ	ە	ې	ر
و	ە	ت	س	ب	ھ	ر	ې	چ	چ	ئ	ت	د	ى
ت	ە	ر	ج	ى	م	ى	ھ	ا	ل	ى	و	ى	ا
پ	م	ې	ت	ا	ف	ى	ز	ى	ك	ا	ي	ي	پ
چ	ھ	ف	ى	ك	ر	ج	ې	ك	ف	ۈ	ن	ە	ك
ق	ۈ	س	ۈ	م	چ	ش	ز	م	ى	ت	ى	ر	ف
ل	ھ	ى	ك	ا	ي	ى	ل	ە	ر	ى	ك	ى	پ

تەھلىل
ئاپتورى
تەرجىمىھالى
سېلىشتۇرما
خۇلاسە
چۈشەندۈرۈش
سۆھبەت
ھېكايىلەر

مېتافىزىكا
رومان
پىكىر
شېئىر
شېئىرىي
رىتىم
ئۇسلۇب
تراگېدىيە

94 - Geography

خ	ز	ل	ر	ا	ش	م	ى	ر	ې	ي	گ	پ	ۋ
د	ە	ى	ن	د	ې	ي	ل	ا	ر	ا	ئ	ز	ڭ
ە	ڭ	ر	ش	ل	ې	ك	ك	ي	خ	ڭ	ە	ز	چ
ر	ك	ا	ى	ت	ى	ڭ	ڭ	و	چ	و	ۋ	ف	ۋ
ي	ې	ش	ز	ت	ن	چ	ى	ن	ا	ي	ك	و	ئ
ا	ھ	ر	ي	س	ە	پ	ش	ز	ز	گ	چ	ج	ە
پ	پ	ە	ژ	ك	ى	ل	ز	ى	گ	ې	ئ	د	ل
ر	ۆ	ي	س	و	غ	ۆ	ر	ژ	م	ن	و	ۆ	ش
ۆ	ھ	ې	ل	ك	خ	ن	م	ا	ھ	ا	ڭ	ل	ە
غ	ە	ر	ب	ى	ي	ر	ا	ي	و	ن	ل	ە	ھ
ا	ي	ن	ۇ	د	غ	ش	گ	خ	پ	ۆ	ئ	ت	ە
ت	ز	و	ن	ت	ى	ڭ	ش	ې	چ	ز	ل	و	ر
ڭ	ى	چ	ە	ي	ى	س	ك	ى	پ	و	ر	ت	ۆ
م	م	ش	ج	ق	ى	ت	ئ	ە	م	ى	ژ	ژ	چ

ئېگىزلىك
شەھەر
قىتئە
دۆلەت
يەرشارى
يېرىم شار
ئارال
خەرىتە
تاغ

شىمال
ئوكيان
رايون
دەريا
دېڭىز
جەنۇب
تروپىكسىيە
غەربىي رايون
دۇنيا

95 - Pets

م ش ا ت ۇ ت ڭ ر ك م پ ج ي ي
ا ھ ژ غ ل ا ئ ا ۈ ف ر ا ت ى
ل ئ ژ ق ي ش غ چ ز ئ ق غ ى م
د ج ف ب ې پ ژ ا ج ى ى د ئ ە
و ت ڭ ت ھ ا ى ې ل ڭ ل ې ا ك
خ چ ۇ ۋ ر ق س ى ي ە ې س س ئ
ت ت ز خ ۈ ا ق ۈ گ ۋ ب ر ل ى
ۇ س ك ە س ل ە ن چ ۈ ك پ ا چ
ر ئ ر د ا ا ك ا ۈ ژ ۈ س ن م
ى غ ز ر د ك چ ق ە ۋ ش ۇ ئ ە
چ س س ۆ ي ۇ ۆ ش ۆ ڭ ۈ گ ې ك
ئ پ ب ن ج ل ئ و م غ م ې ف ل
ئ ۋ خ ى د ل ى ت ە ھ ۈ گ خ ل
ش ۇ ئ ڭ چ ۇ چ ج ك ج س ب ۈ ا

مۈشۈك
ياقىلىقلار
كالا
ئىت
بېلىق
يېمەك-ئىچمەك
ئۆچكە
ئاسلان
كەسلەنچۈك
شاتۇت
توشقان
تاشپاقا
مال دوختۇرى
سۇ

96 - Jazz

ج ر ى ت ى م ه ر ۆ ئ ھ ي ت ي
غ ب ش ل ل و ۆ گ و و ب ا ه ې
پ پ ا ق ا ب م ۇ د ر ڭ غ ك ڭ
ر ا ل ق ى ل ڭ ا د ك ا و ى ى
ا ش ى ش ا ا غ ف س ې ې خ ت غ
ل خ ش ۇ ف ئ ل ه خ س ل ۋ ل ي
ى ا خ ئ ژ ل ن ش ا ت ش ي ه ت
ن ن ا ژ ئ ئ غ ج ك ى ش ج ش د
و غ ي ن ه س خ گ ى ر ش گ ق ۋ
ك ز ك ت پ ا ى ي ن ت ۋ ز ۇ ۆ
پ ۋ ك غ پ ڭ ژ ش خ خ ب گ ۇ ن
ن ا خ ش ا م ۇ ز ى ك ا ۋ ش ژ
ر م گ ل ق س چ ا ت ھ ڭ ر ڭ ك
ۆ ق غ ڭ ھ خ ۇ گ خ ج و ك ق ڭ

ئالبوم
سەنئەتكار
دۇمباق
تەكىتلەش
داڭلىقلار
ياخشىلاش
ناخشا-مۇزىكا

يېڭى
كونىلار
ئوركېستىر
رىتىم
ناخشا
تېخنىكا

97 - Nature

ش	ق	گ	ب	ۇ	ل	ۇ	ت	ل	ا	ر	ە	ۇ	ر
ئ	ە	ا	ب	ي	ك	گ	ل	ا	د	ى	چ	ى	ۈ
ئ	و	ل	ق	غ	ې	ك	ى	گ	ق	ۆ	ج	ژ	ڭ
ى	خ	ر	ۋ	ق	ى	ئ	ۋ	ۈ	ۋ	غ	ا	ھ	ھ
ئ	ب	ە	م	ە	ت	ۋ	ن	ز	ۋ	ۆ	گ	ج	ا
م	ژ	ۈ	ز	ا	ر	س	گ	ە	ل	ا	ۇ	ئ	ي
ت	ۇ	م	ا	ن	ن	ە	ف	ل	ژ	ھ	پ	س	ۋ
ر	ت	ۇ	ل	ھ	ھ	گ	ش	ل	ف	ق	س	چ	ا
پ	ې	پ	ا	ې	ق	ە	س	ى	ئ	ا	ق	خ	ن
ژ	ن	ق	د	ل	ۇ	ر	ر	ك	ي	ن	ز	ق	ل
د	چ	ش	ق	ي	م	ۆ	ئ	ە	ل	ژ	ي	ۋ	ا
ھ	ل	خ	ر	ۋ	ل	د	ە	ر	ي	ا	خ	ت	ر
ئ	ى	پ	ۇ	ت	ۇ	ق	ي	ى	ل	ا	م	ى	ش
گ	ق	ۈ	د	ت	ق	ك	پ	پ	ج	ي	ف	ف	ې

هايۋانلار
شىمالىي قۇتۇپ
گۈزەللىك
ھەرە
بۇلۇتلار
قۇملۇق
شەلۋەرەش

تۇمان
ئورمان
گلادىچى
تېنچلىق
دەريا
دالا

98 - Championship

خ	ا	د	ت	چ	ز	ۈ	ن	پ	ۋ	ف	چ	ۋ	ئ
ق	ا	د	ە	ي	ى	د	و	س	ي	ۈ	ى	ل	ى
ق	ۇ	ل	ن	ۇ	ي	ى	پ	م	ى	چ	م	ز	س
ا	ئ	ي	ت	ا	ھ	م	غ	س	ف	ف	پ	ب	ت
پ	و	ۇ	ە	ژ	م	ې	ا	ڭ	ب	ش	ى	ش	ى
ى	ي	س	ر	ۋ	گ	و	ك	ە	م	ژ	ي	ل	ر
ت	ۇ	س	ب	ل	م	ھ	ك	ە	ڭ	ل	ۇ	د	ا
ت	ن	ف	ى	غ	ۋ	ل	ې	ب	ز	ن	ن	م	ت
ى	ل	ۈ	ي	ف	ە	ې	ن	ي	ۆ	ز	ژ	ل	ې
ئ	ا	پ	ە	ۇ	ن	ل	ە	ر	ش	و	ۈ	ۈ	گ
ي	ر	ې	ن	ې	ر	ت	ى	ب	د	خ	ە	غ	ى
ج	س	غ	ي	گ	ف	گ	ق	ب	گ	ۋ	ر	ڭ	ي
ې	س	ۆ	م	ې	م	ر	ي	ر	ە	ق	ش	پ	ە
ئ	ۇ	ڭ	خ	م	ې	د	ا	ل	غ	ئ	چ	س	ى

چىمپىيۇن
چىمپىيۇنلۇق
ترېنېر
ئويۇنلار
سودىيە
ئىتتىپاق

مېدال
تەنتەربىيە
ئىستراتېگىيە
كوماندا
غەلىبە

99 - Vacation #2

ڭ	ۋ	گ	ج	پ	ف	ش	غ	ئ	ق	ۋ	ې	ھ	ل
د	چ	ۋ	ف	پ	ك	ف	غ	چ	ي	ى	ل	ۋ	ئ
ئ	پ	ژ	ي	ا	ر	ا	س	ن	ا	م	ھ	ې	م
خ	ا	چ	ا	ز	ژ	ئ	ت	ھ	ڭ	ۇ	ك	ج	گ
ە	س	ر	ھ	ز	ى	ي	و	پ	چ	س	گ	ن	ي
ر	ا	ې	ا	ش	ى	ل	ې	ئ	م	ا	ر	ا	ئ
ى	ھ	گ	ب	ل	چ	ڭ	م	ن	پ	پ	م	ژ	ې
ت	ى	ا	ۈ	ە	ې	پ	ې	ە	گ	ە	ە	ژ	ئ
ە	ل	ل	ك	ئ	د	ج	ق	د	ن	ۇ	ق	ل	ج
غ	ن	ھ	پ	ت	ى	م	ف	ڭ	و	ز	ل	ش	خ
خ	ن	ۋ	ۆ	ە	ر	چ	گ	ئ	ن	ژ	ى	ن	و
د	چ	ج	ت	چ	ر	ل	ج	گ	ۋ	ك	ق	ل	ب
ۋ	ى	ز	ا	د	غ	پ	ا	س	پ	و	ر	ت	ۆ
ئ	ا	ي	ر	و	د	ۇ	ر	ۇ	م	ۈ	ۈ	ت	ى

ئايرودۇرۇم
ساھىل
لاگېر
مەنزىل
چەتئەل
مېھمانساراي
ئارال
مۇساپە

ئارام ئېلىش
خەرىتە
پاسپورت
دېڭىز
چېدىر
پويىز
ۋىزا

100 - Electricity

ژ	م	د	گ	گ	ر	ى	پ	ا	ى	ت	ۋ	ت	ي
ب	ا	ي	ل	ې	ب	ا	ك	پ	ۈ	ې	ق	س	ئ
چ	ا	ى	ش	چ	ن	ۋ	خ	گ	ك	ل	م	خ	ل
ۇ	ن	ت	ا	ج	ھ	ې	ۇ	ۋ	غ	ې	ۇ	ۋ	ن
د	ھ	ى	ا	م	غ	ۆ	ر	ج	ن	ف	س	ن	غ
ق	ر	ك	ھ	ر	ە	ڭ	ۇ	ا	ۇ	و	ب	ج	ژ
ا	ۇ	ر	گ	ز	ې	ن	ج	ژ	ت	ن	ە	ى	م
ە	خ	ى	س	ق	ق	ي	پ	ر	ر	و	ت	س	چ
س	ن	ش	ر	ۋ	ي	غ	ە	ى	ق	ئ	ر	ى	ق
ز	گ	ك	و	ت	ۈ	و	ل	ش	ي	غ	ق	م	ۆ
س	ج	و	ف	پ	ن	س	ا	ق	ل	ا	ش	ل	ڭ
ز	س	ت	ل	ا	م	پ	ۇ	چ	ك	ا	ت	ا	ت
چ	ۈ	گ	د	ى	خ	ى	ز	ل	ي	ف	ز	ر	ف
ژ	ڭ	ھ	م	ۈ	ب	ۈ	م	ت	ڭ	ۋ	ي	ۈ	ھ

باتارېيە
كابېل
توك
توك شىركىتى
گېنېراتور
لامپۇچكا

مەنپىي
تور
جىسىملار
مۇسبەت
ساقلاش
تېلېفون

1 - Antiques

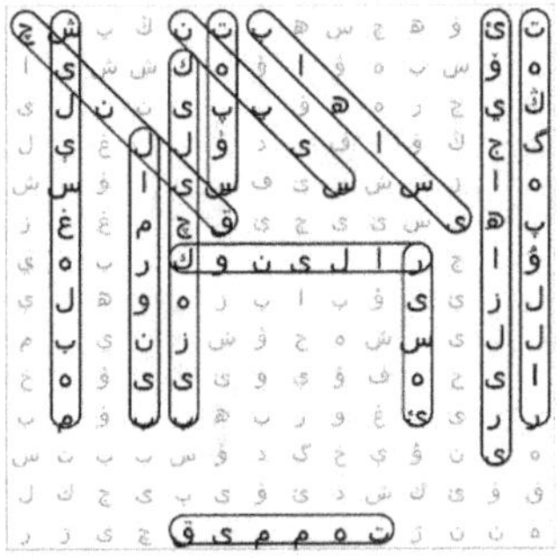

2 - Food #1

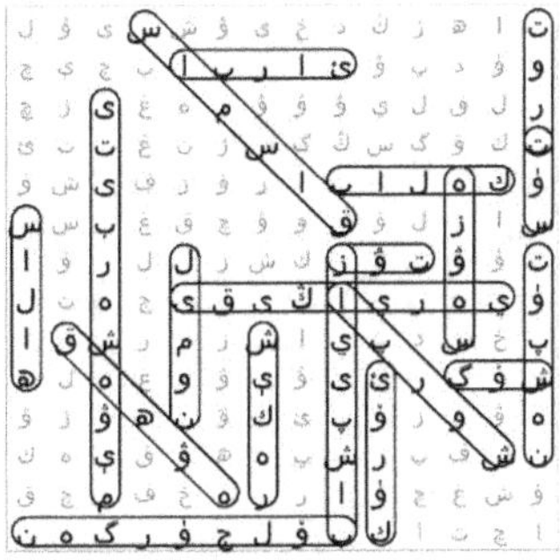

3 - Exploration

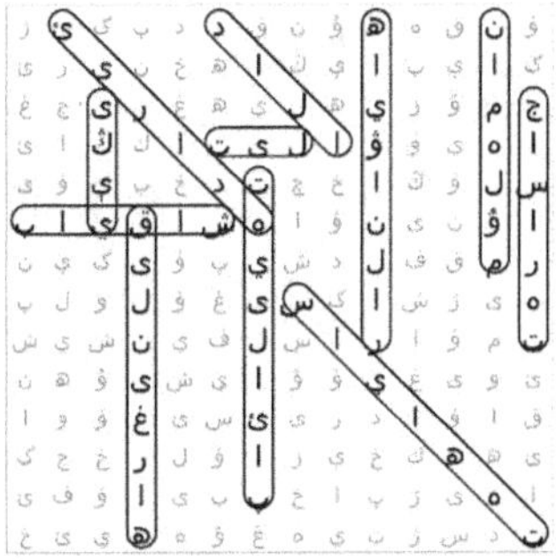

4 - Measurements

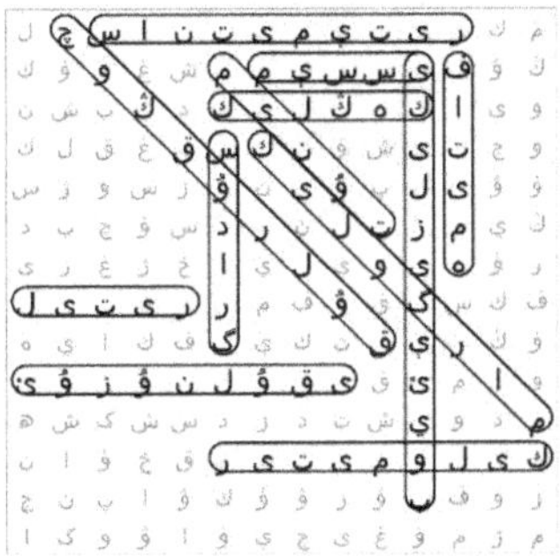

5 - Farm #2

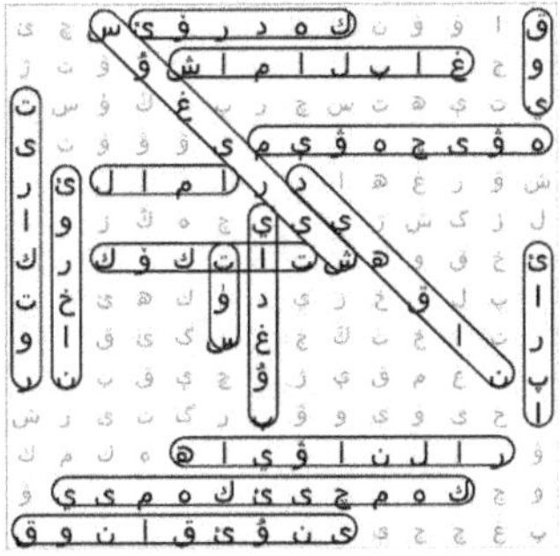

6 - Books

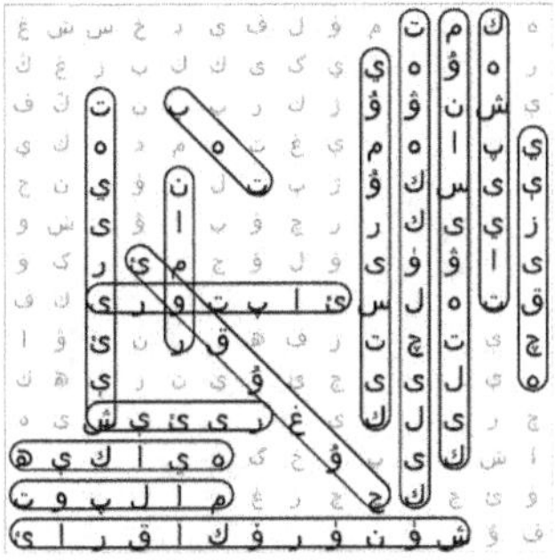

7 - Meditation

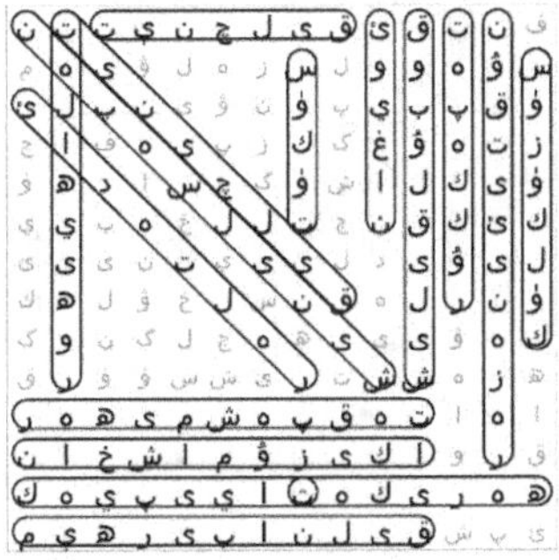

8 - Days and Months

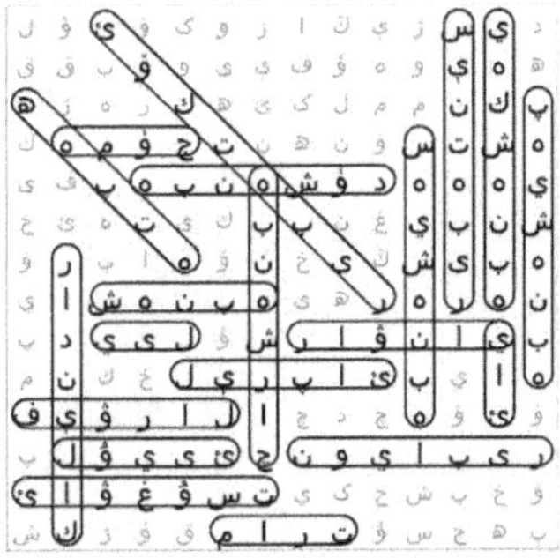

9 - Energy

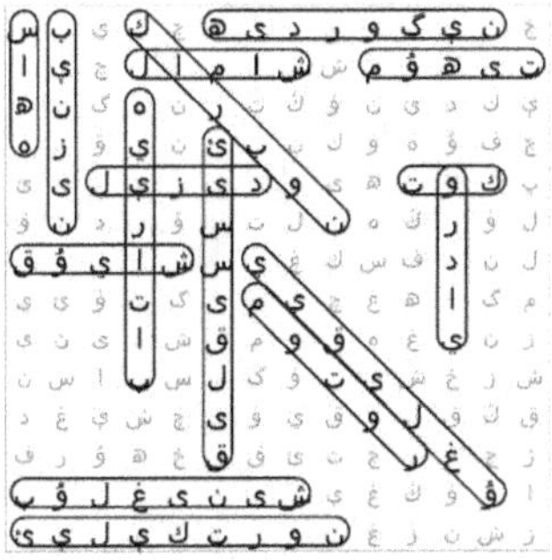

10 - Chess

11 - Archeology

12 - Food #2

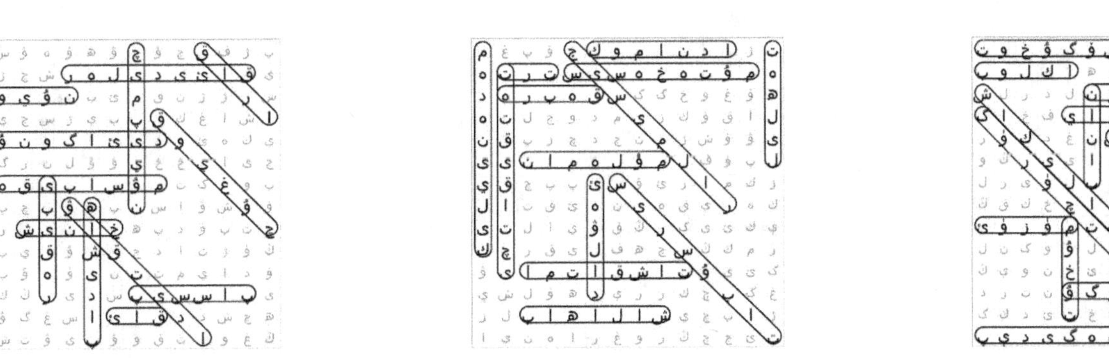

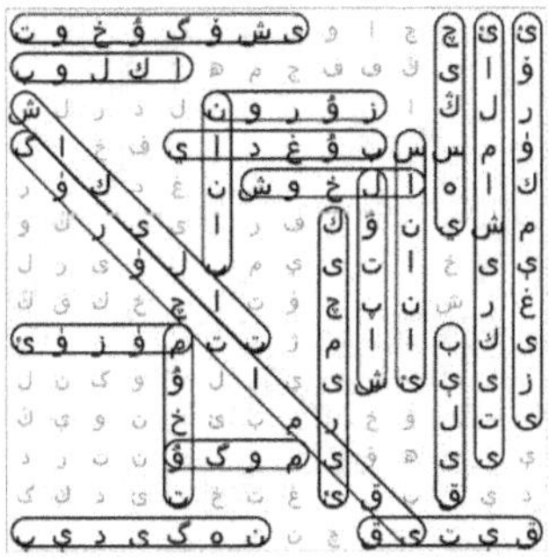

13 - Chemistry

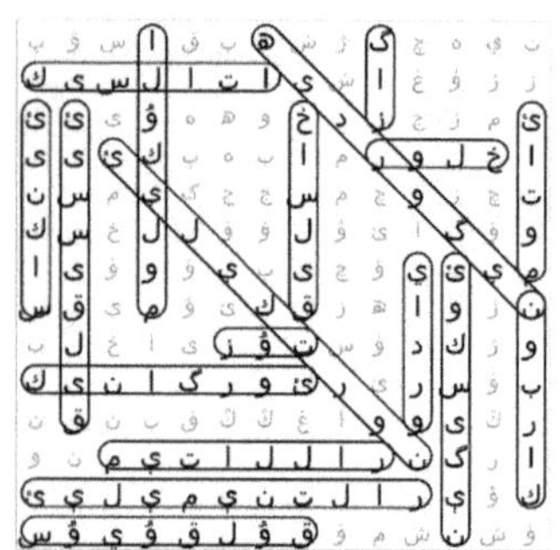

14 - Music

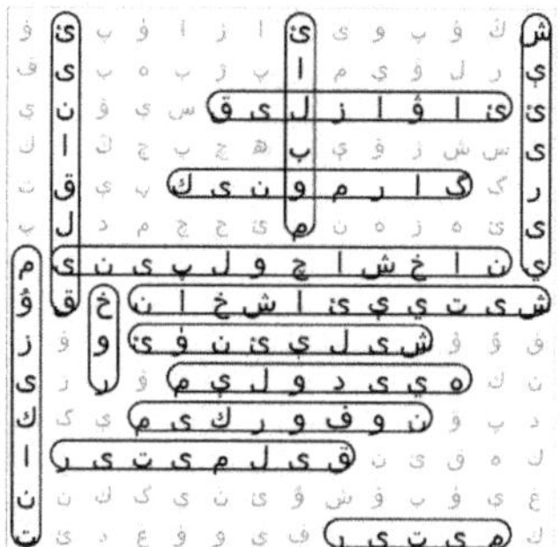

15 - Family

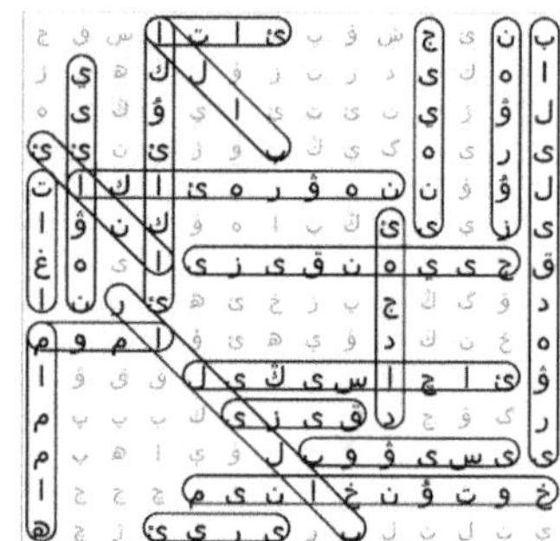

16 - Farm #1

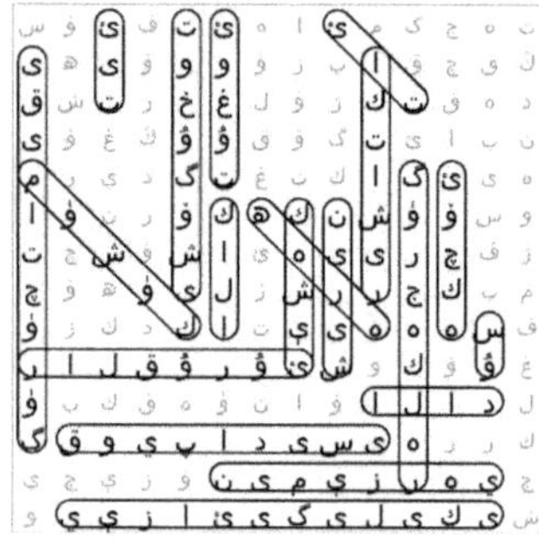

17 - Camping

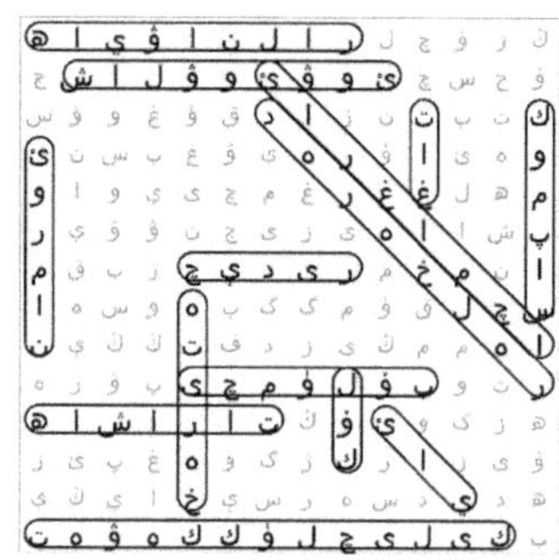

18 - Algebra

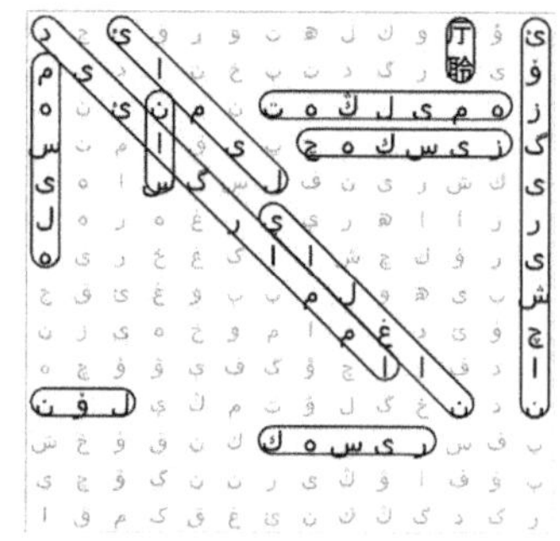

19 - Numbers

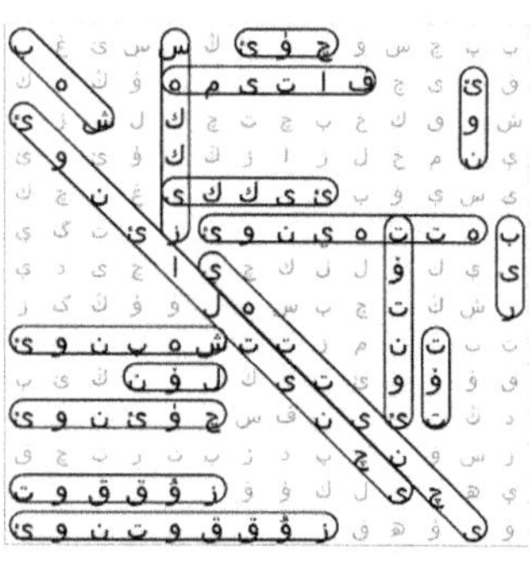

20 - Mammals

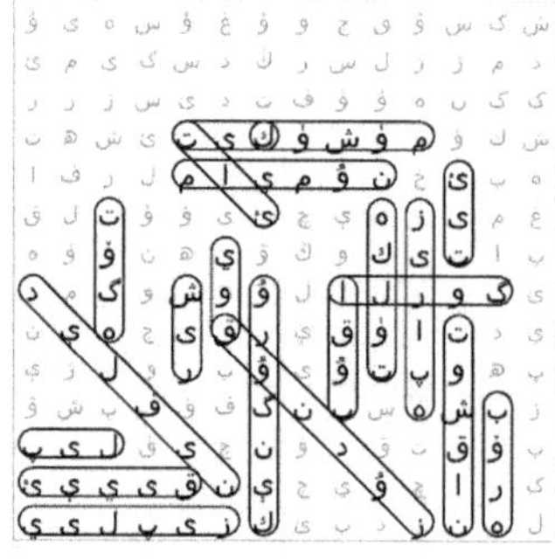

21 - Restaurant #1

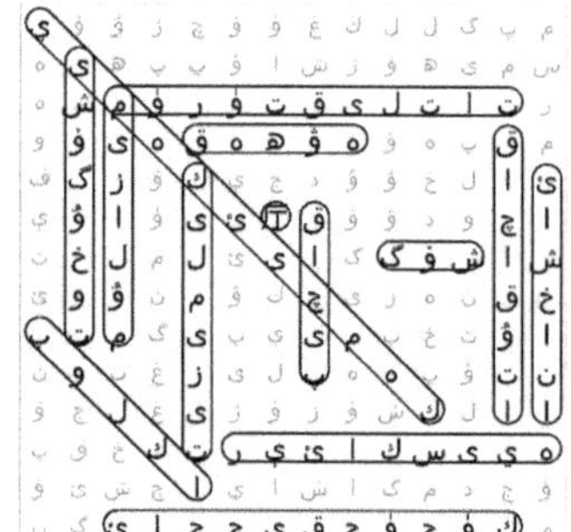

22 - Bees

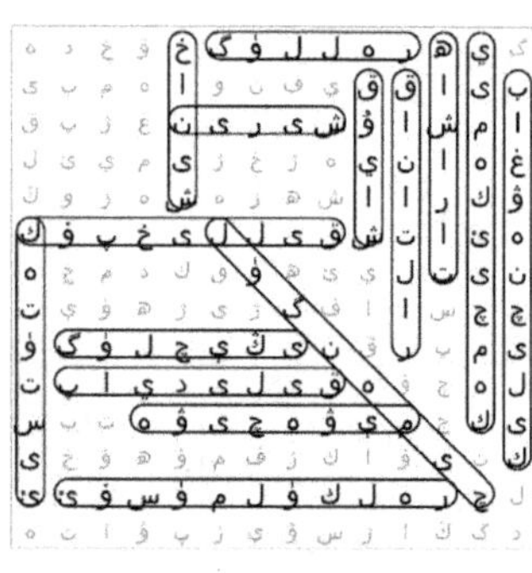

23 - Photography

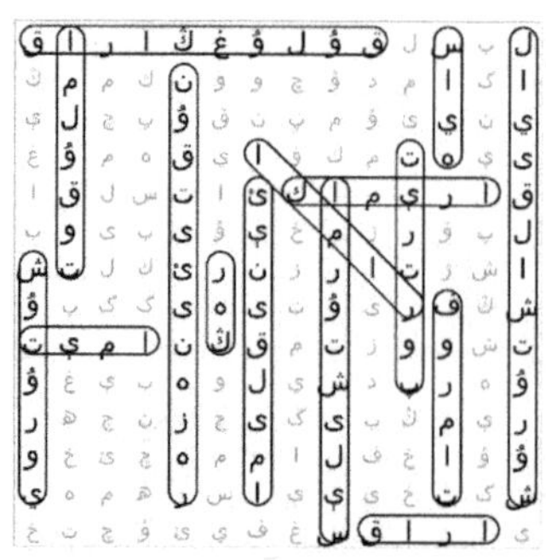

24 - Sports

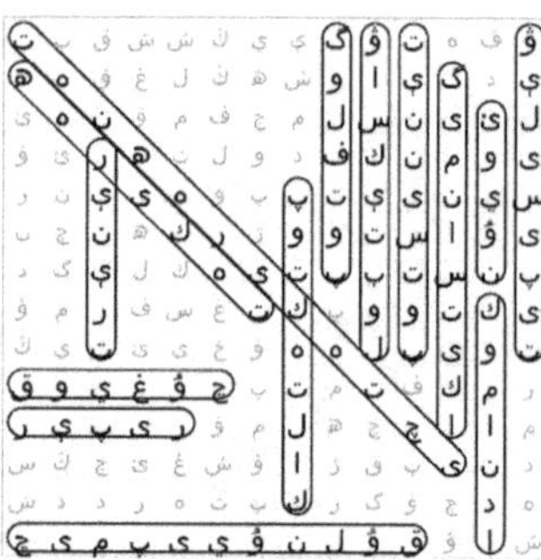

25 - Adventure

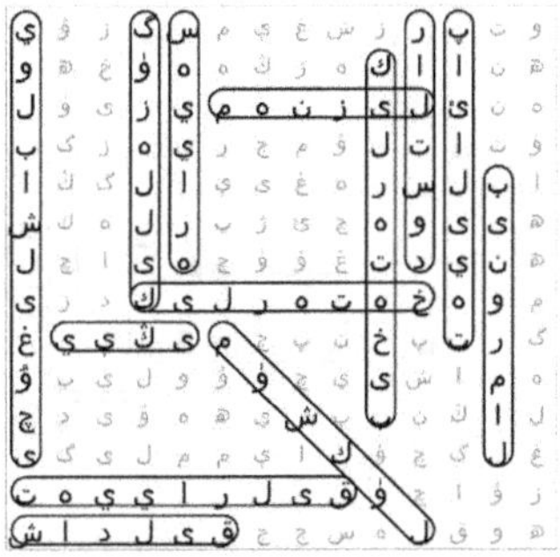

26 - Sport

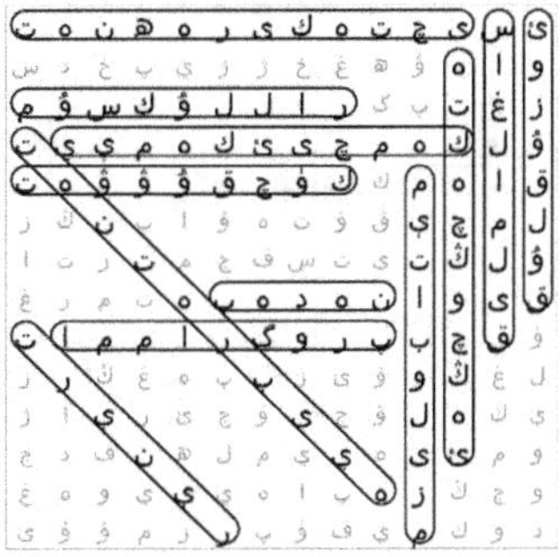

27 - Circus

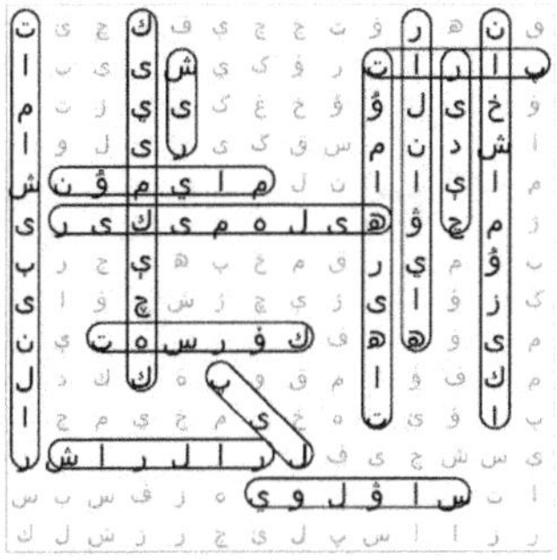

28 - Restaurant #2

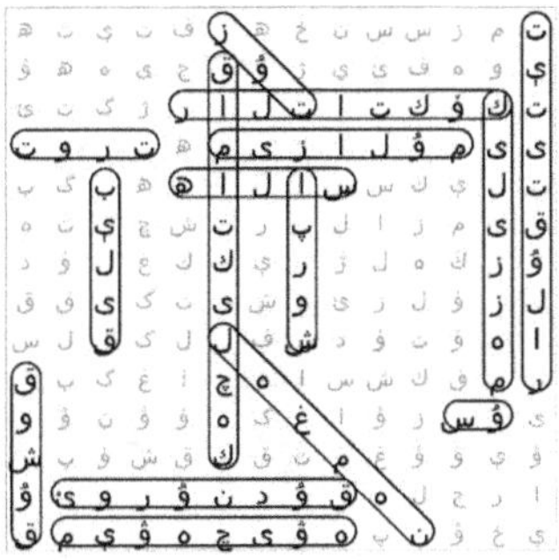

29 - Geology

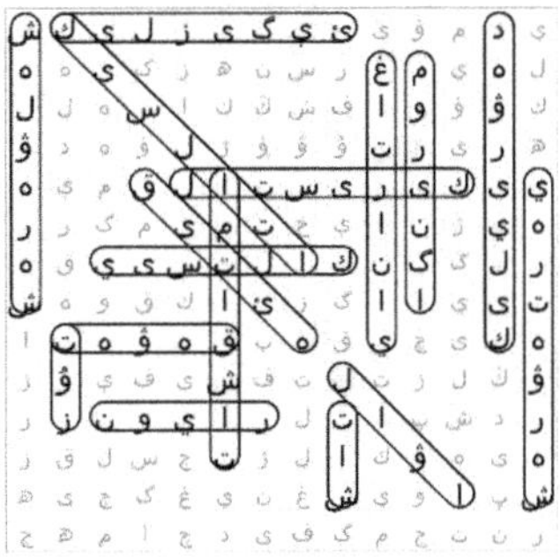

30 - House

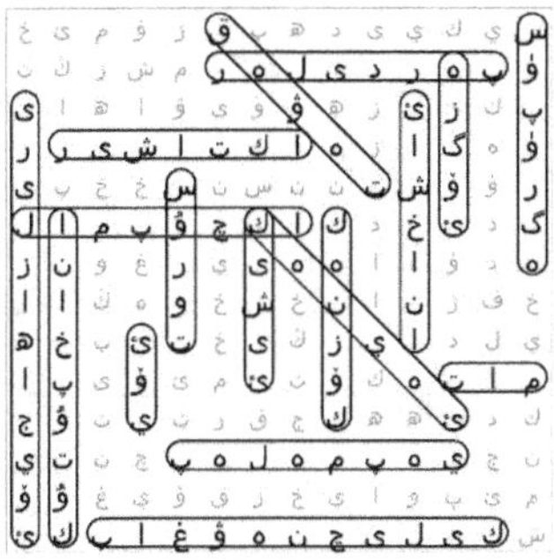

31 - Physics

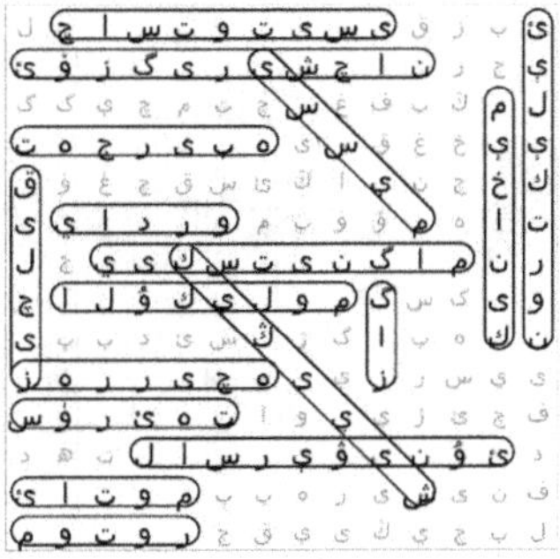

32 - Coffee

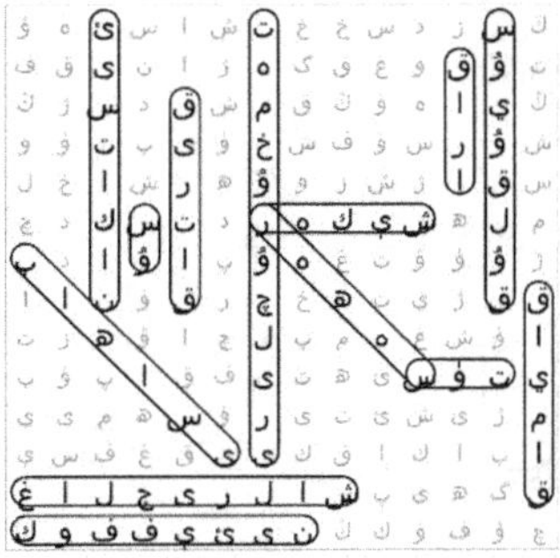

33 - Colors

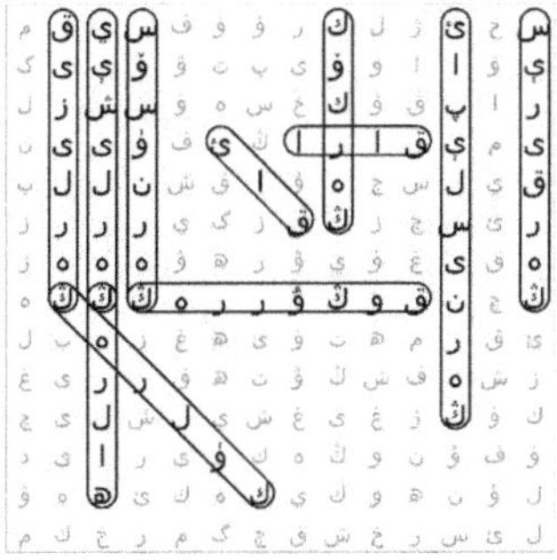

34 - Climbing

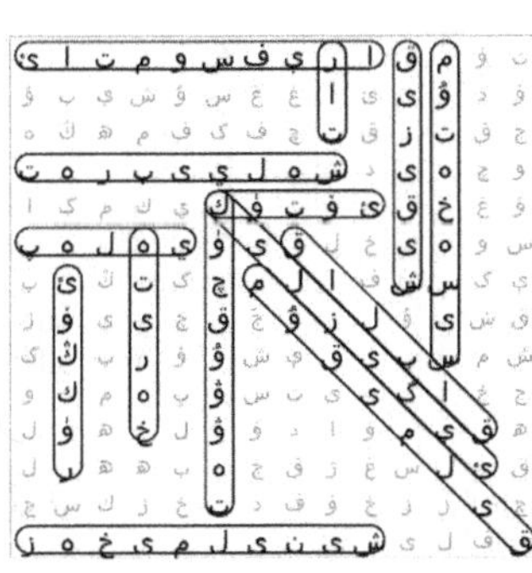

35 - Scientific Disciplines

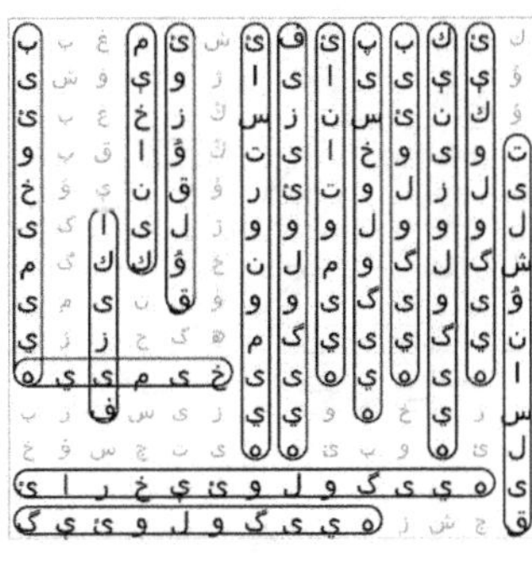

36 - Science

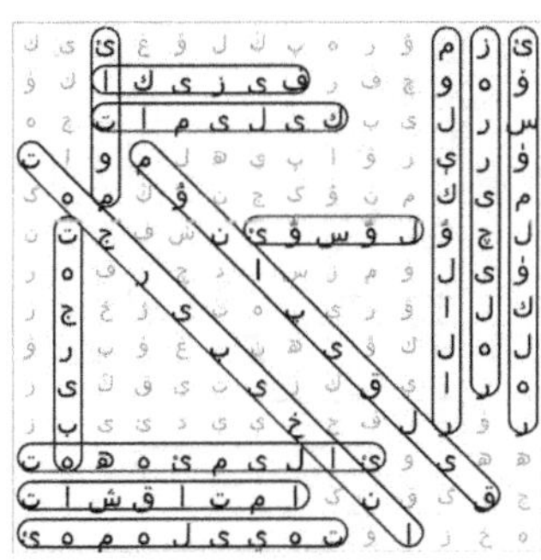

37 - To Fill

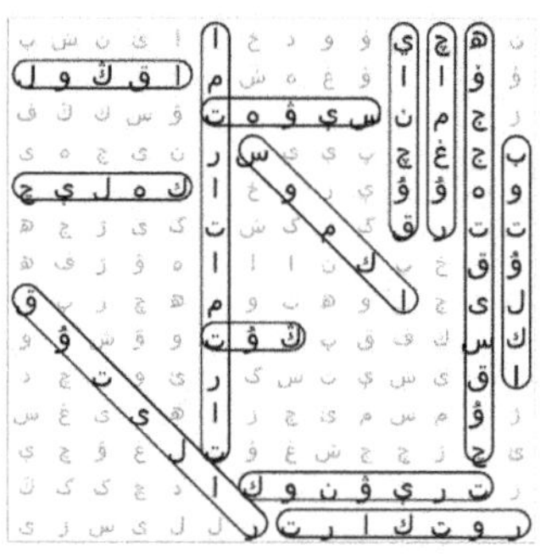

38 - Clothes

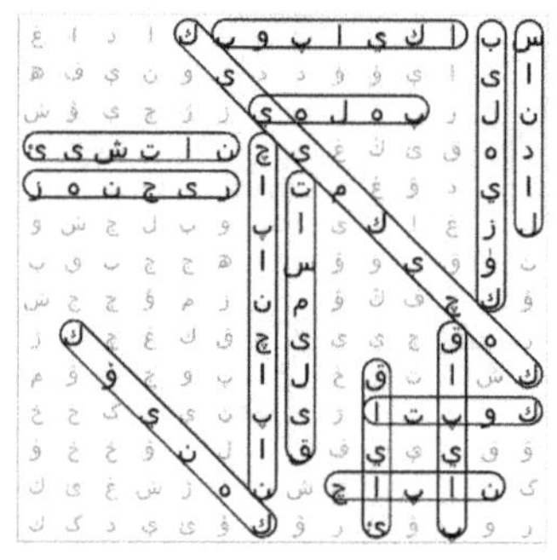

39 - Ethics

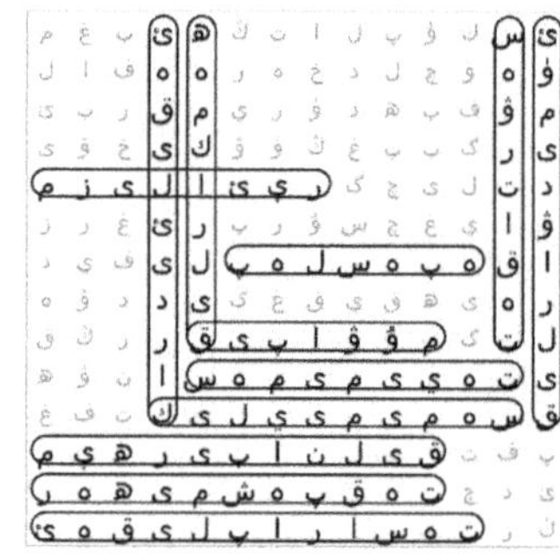

40 - Astronomy

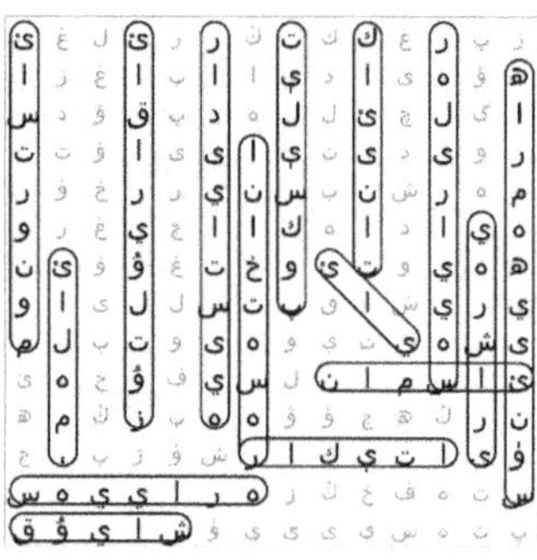

41 - Health and Wellness #2

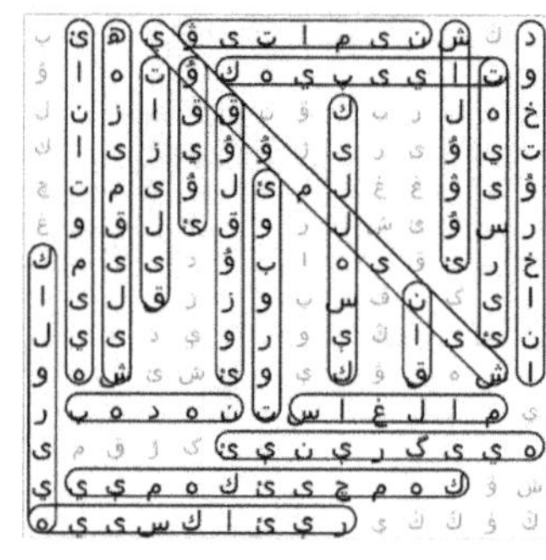

42 - Time

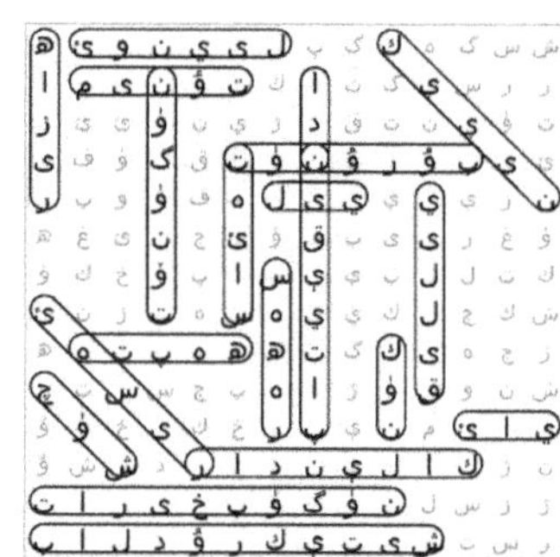

43 - Buildings

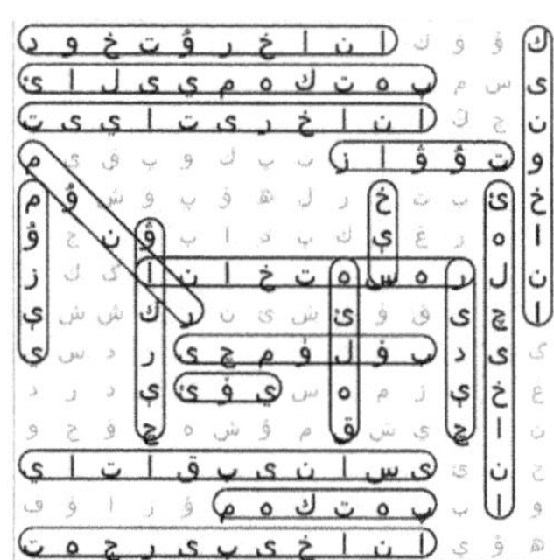

44 - Philanthropy

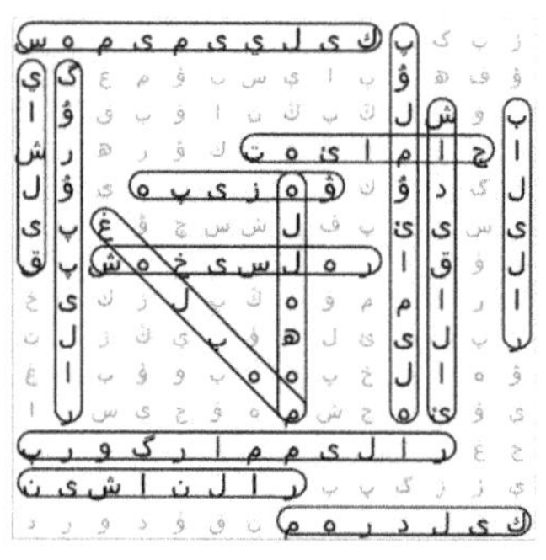

45 - Gardening

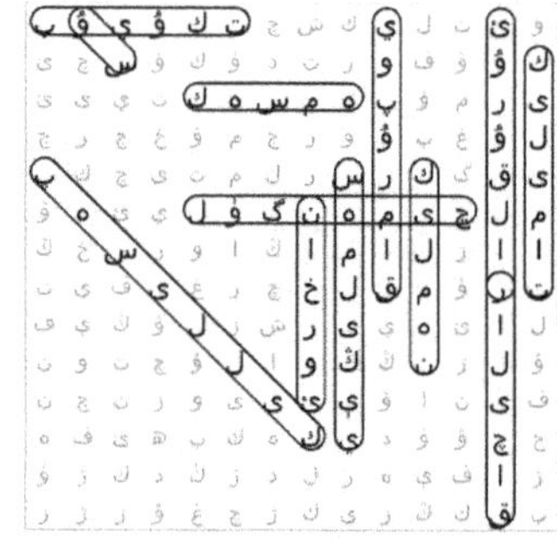

46 - Herbalism

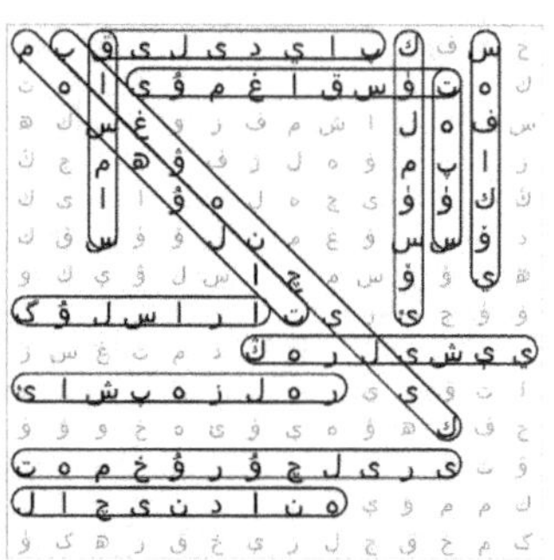

47 - Vehicles

48 - Health and Wellness #1

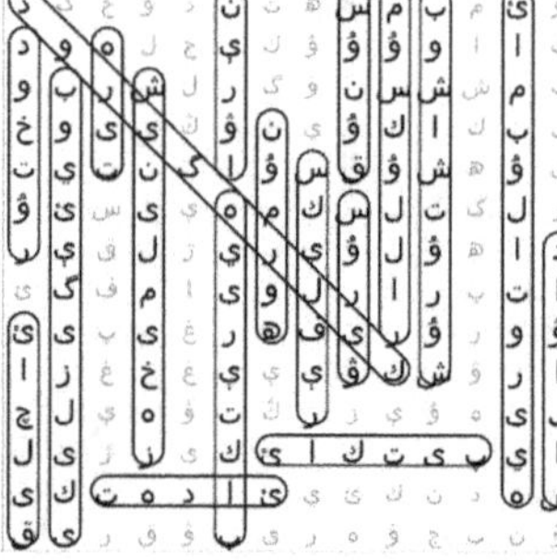

49 - Town

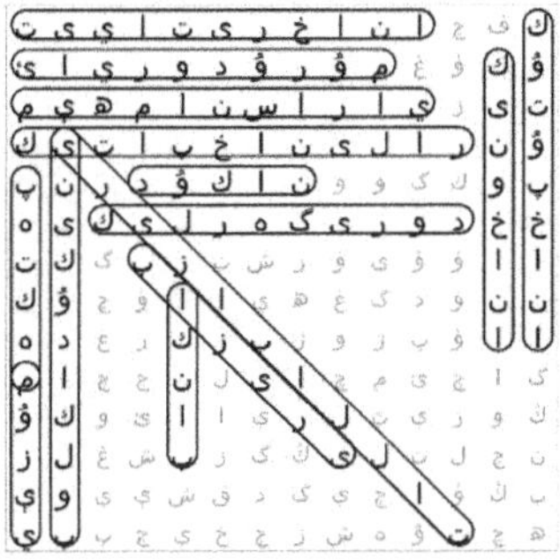

50 - Antarctica

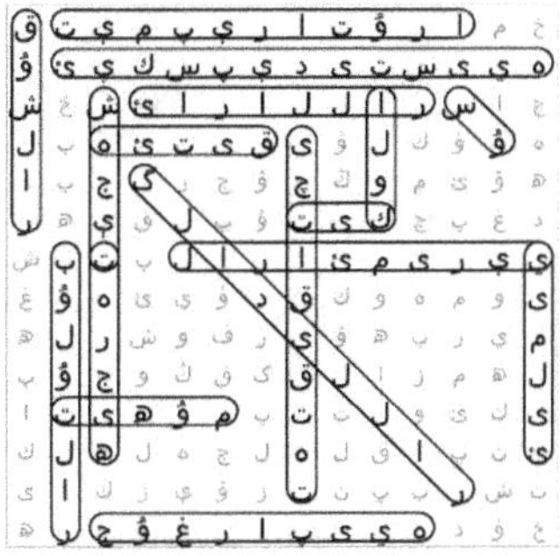

51 - Ballet

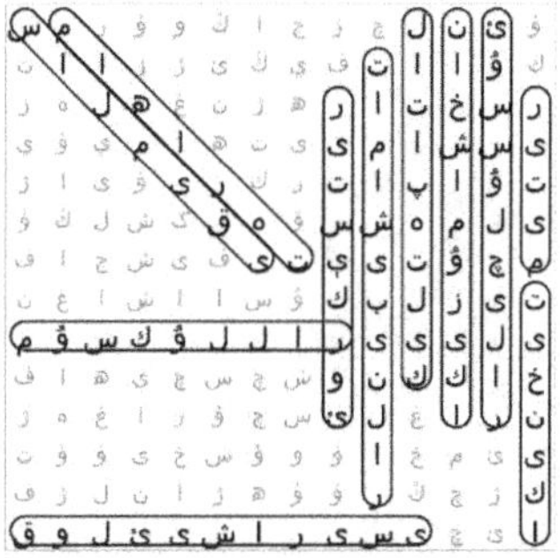

52 - Human Body

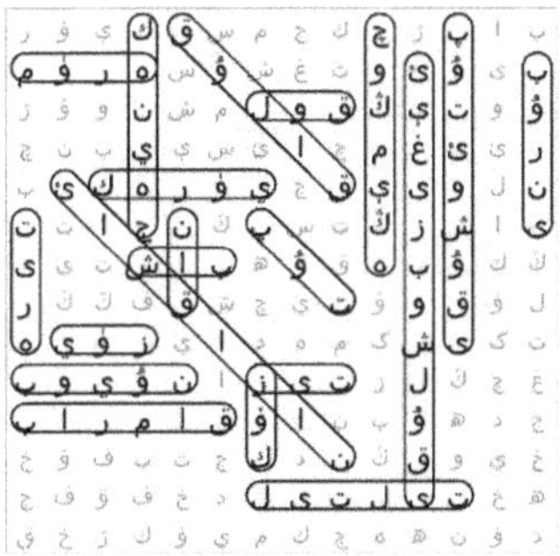

53 - Fruit

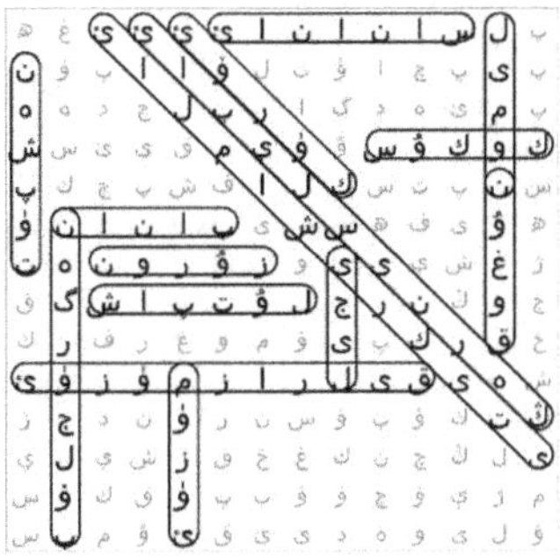

54 - Engineering

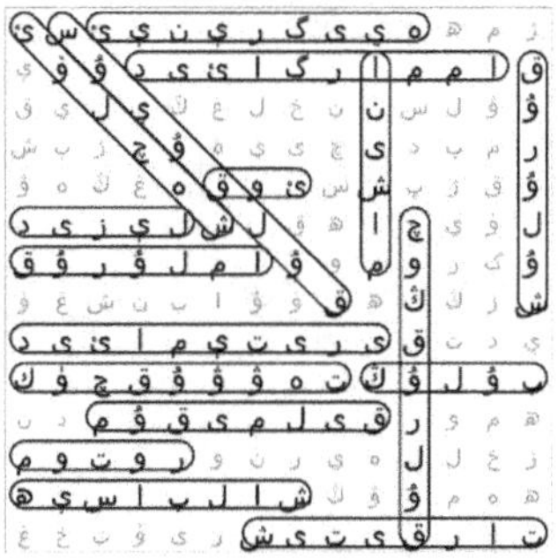

55 - Government

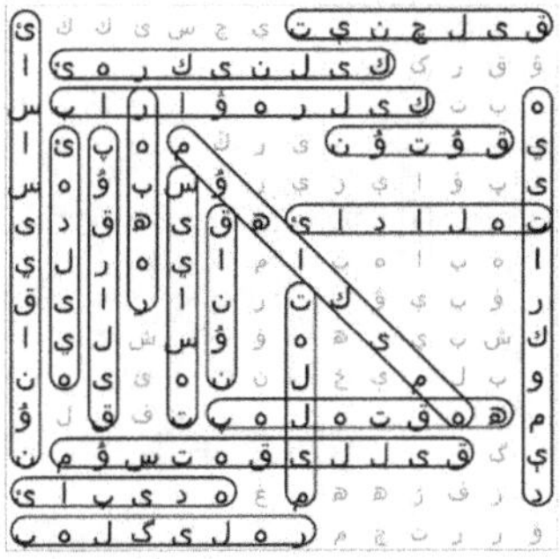

56 - Art Supplies

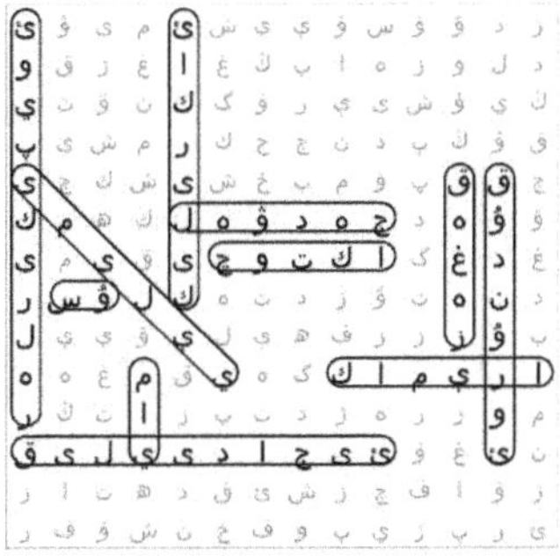

57 - Geometry

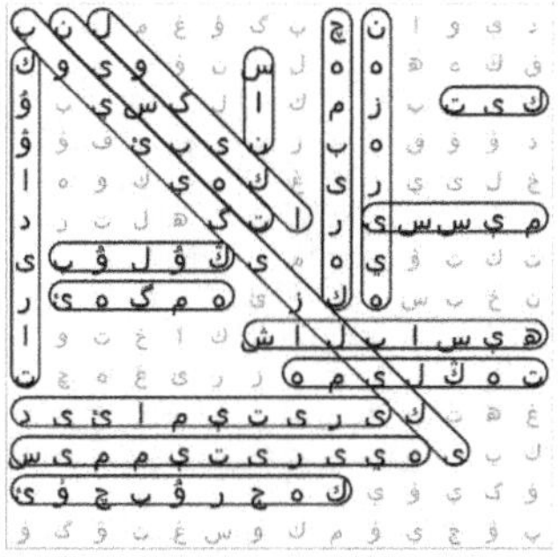

58 - Creativity

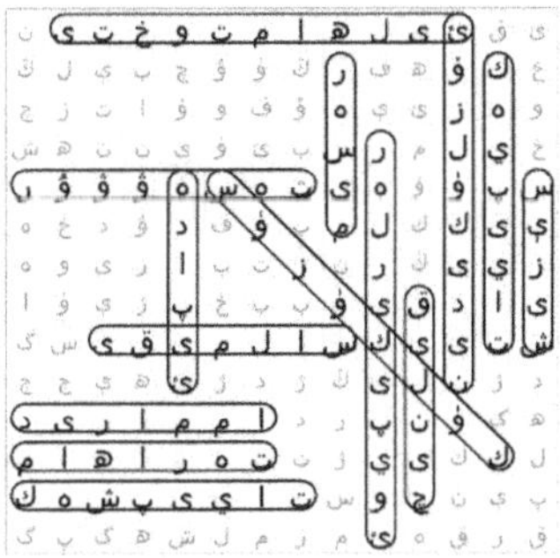

59 - Airplanes

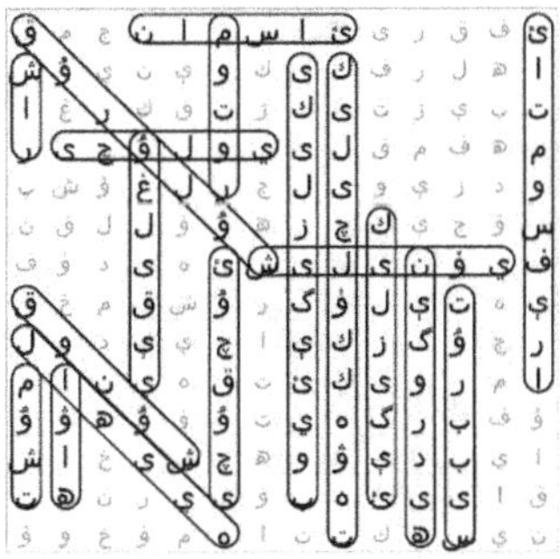

60 - Force and Gravity

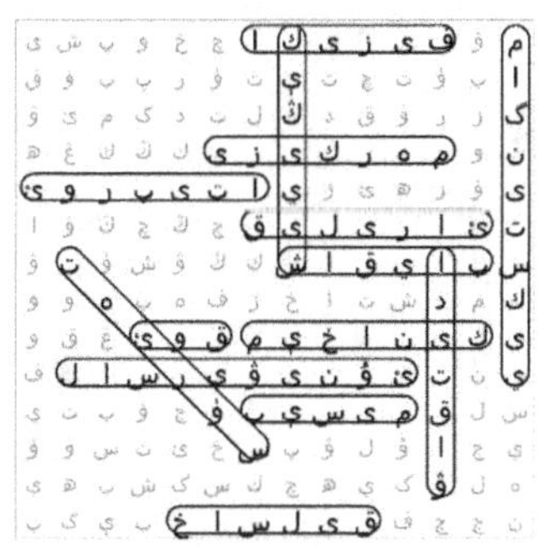

61 - Birds

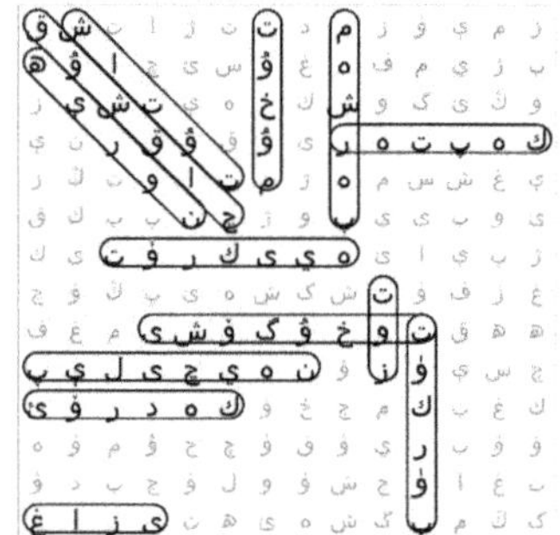

62 - Art

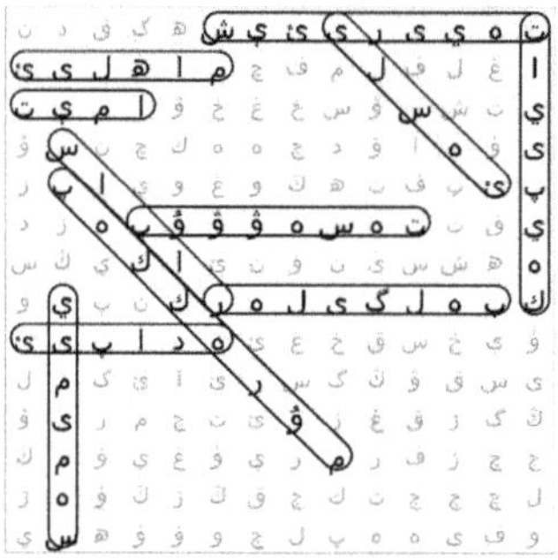

63 - Politics

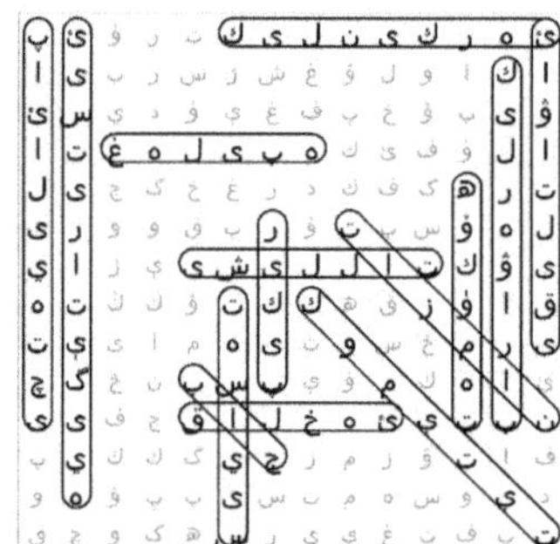

64 - Nutrition

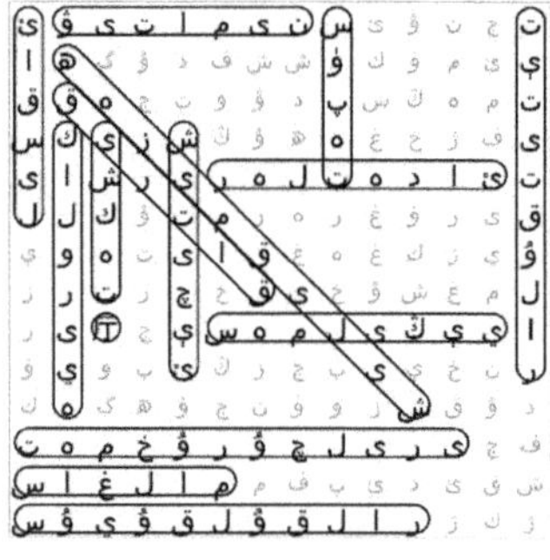

65 - Hiking

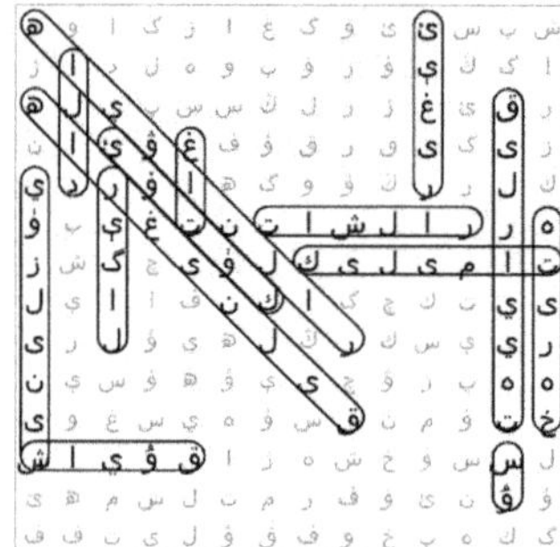

66 - Professions #1

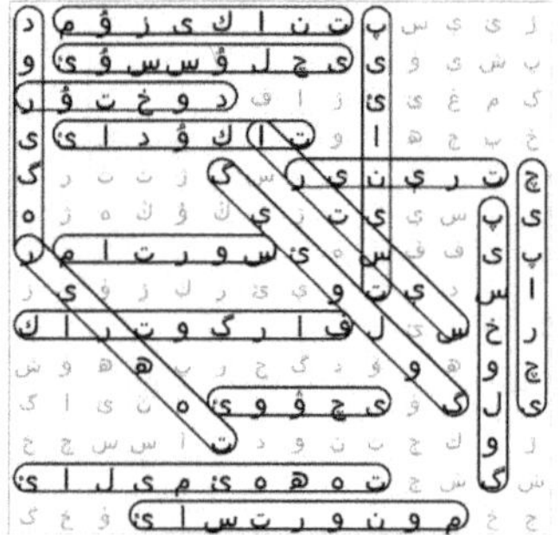

67 - Barbecues

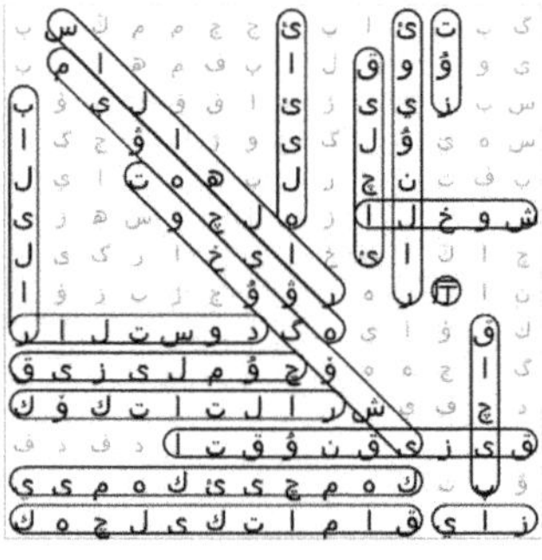

68 - Vegetables

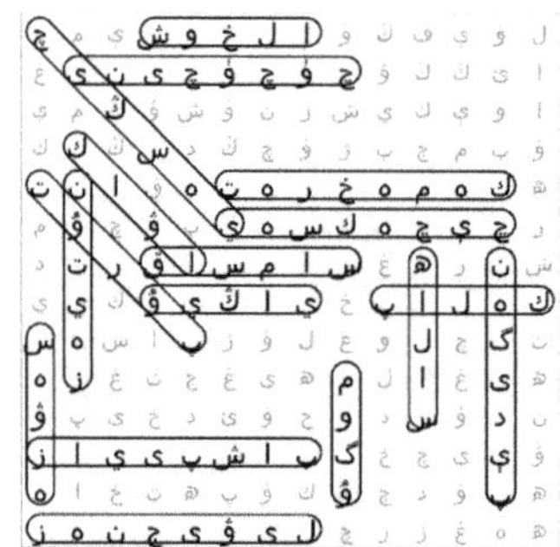

69 - The Media

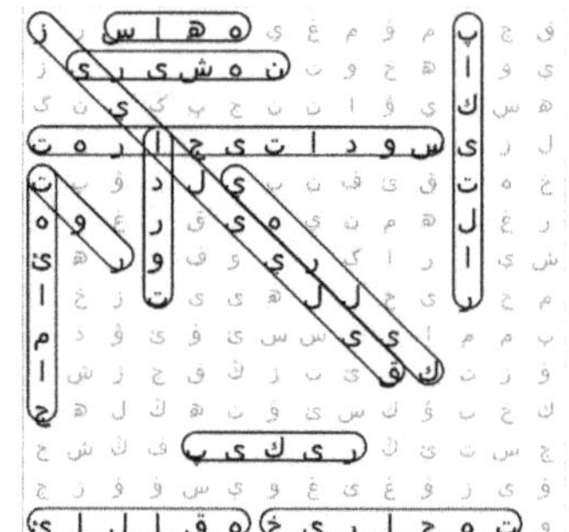

70 - Boats

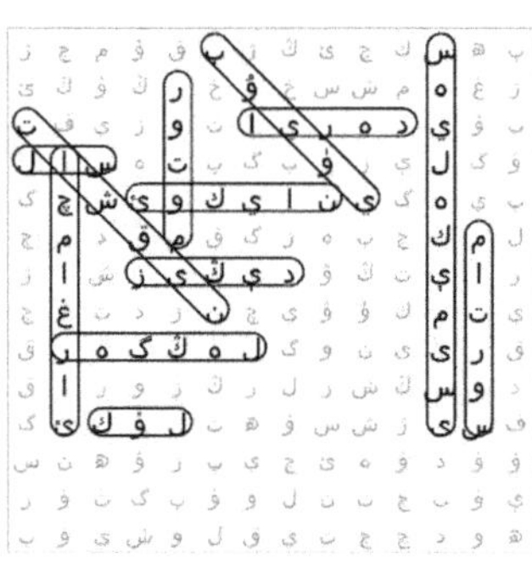

71 - Activities and Leisure

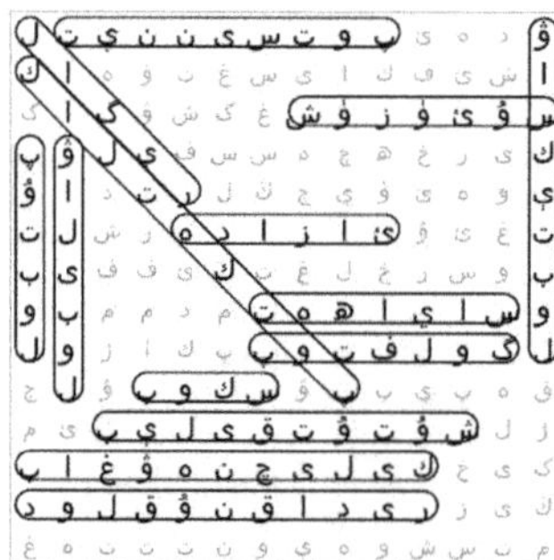

72 - Driving

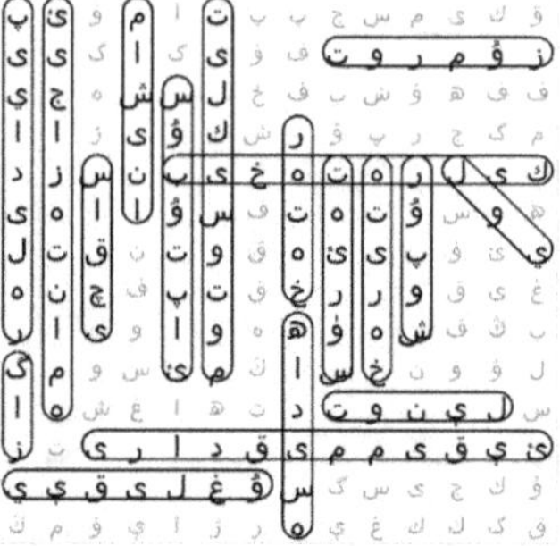

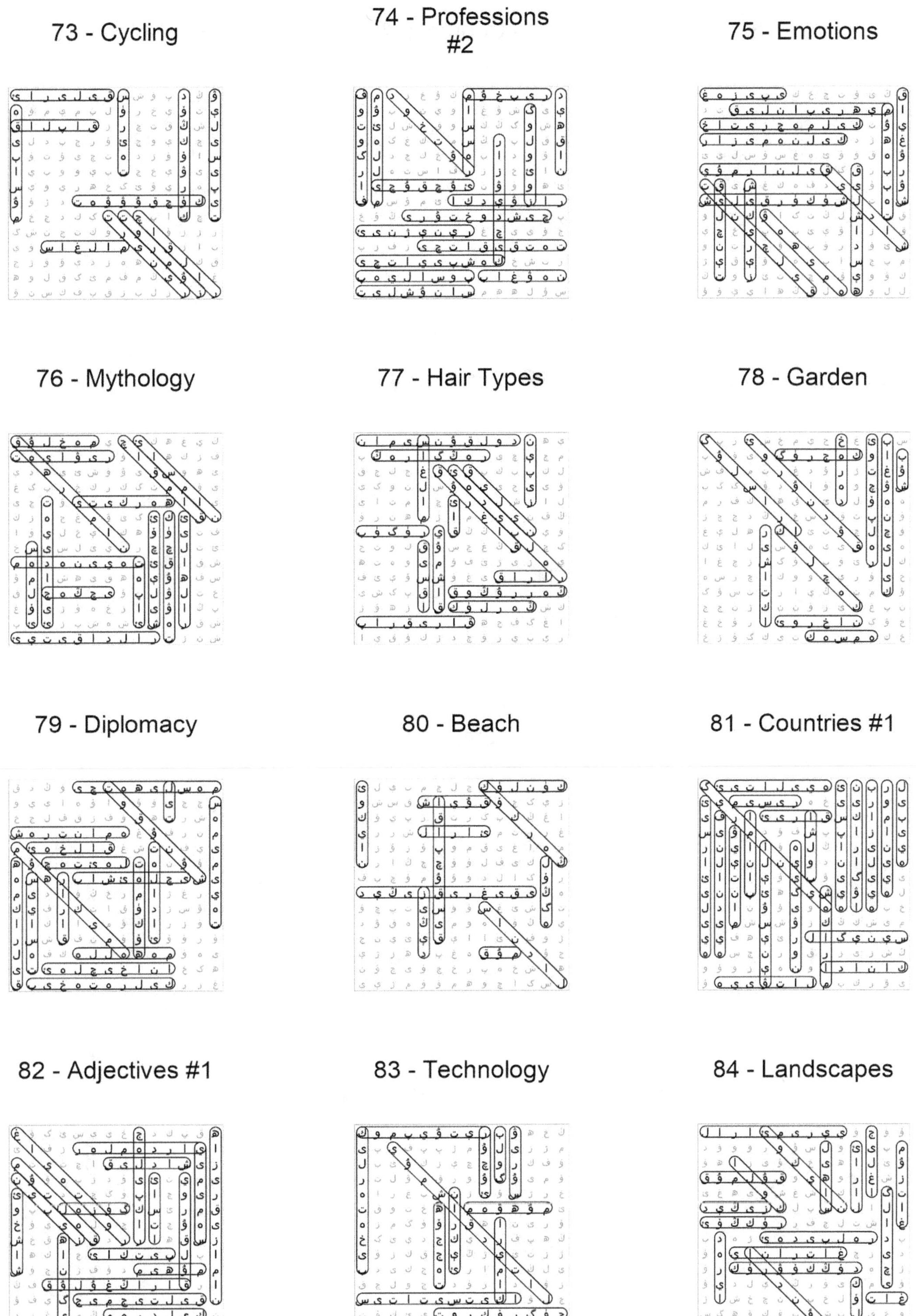

73 - Cycling
74 - Professions #2
75 - Emotions
76 - Mythology
77 - Hair Types
78 - Garden
79 - Diplomacy
80 - Beach
81 - Countries #1
82 - Adjectives #1
83 - Technology
84 - Landscapes

85 - Plants

86 - Countries #2

87 - Adjectives #2

88 - Psychology

89 - Activities

90 - Money

91 - Business

92 - The Company

93 - Literature

94 - Geography

95 - Pets

96 - Jazz

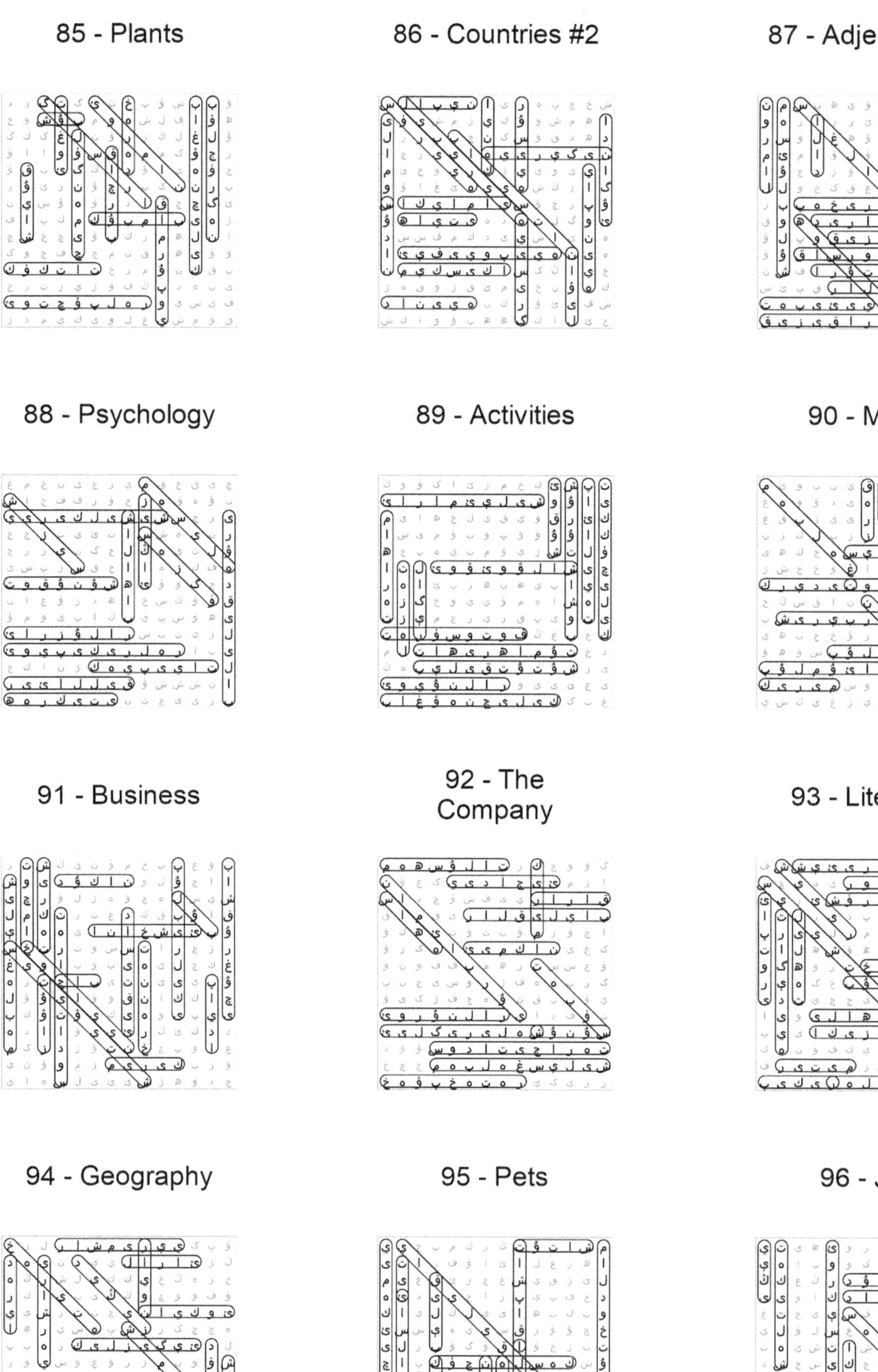

97 - Nature

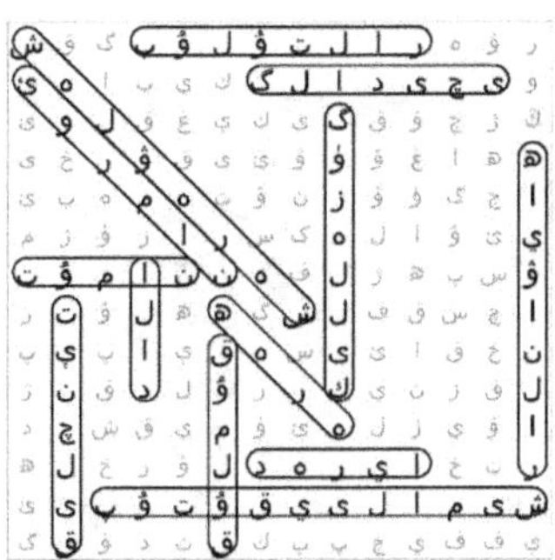

98 - Championship

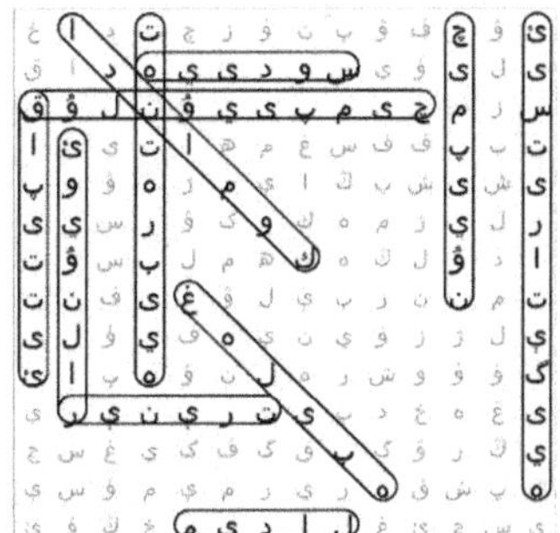

99 - Vacation #2

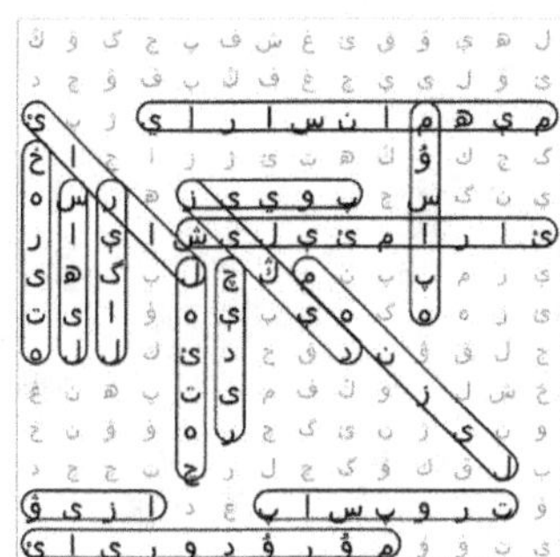

100 - Electricity

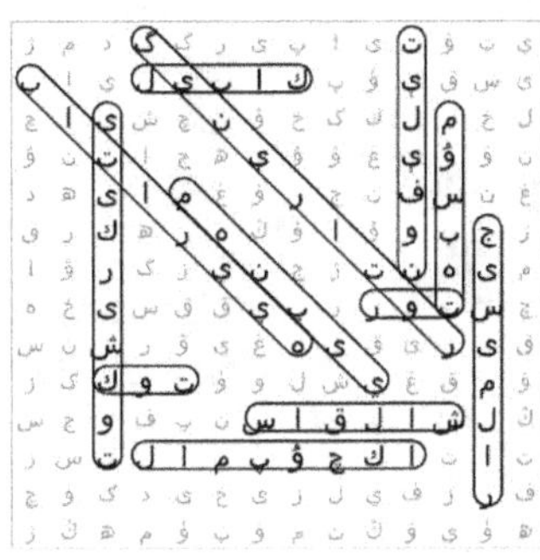

Dictionary

Activities
پائالىيەت

Activity	پائالىيەت
Camping	لاگېر
Fishing	بېلىق تۇتۇش
Games	ئويۇنلار
Gardening	باغۋەنچىلىك
Hunting	ئوۋ ئوۋلاش
Leisure	ئارام ئېلىش
Magic	تاھىر ھامۇت
Photography	فوتو-سۈرەت
Pleasure	لەززەت
Reading	ئوقۇش
Relaxation	بوشاشتۇرۇش
Sewing	تىككۈچىلىك
Skill	ماھارەت

Activities and Leisure
پائالىيەت ۋە دەم ئېلىش

Baseball	كالتەك توپ
Basketball	ۋاسكېتبول
Boxing	بوكس
Camping	لاگېر
Fishing	بېلىق تۇتۇش
Gardening	باغۋەنچىلىك
Golf	گولف توپ
Relaxing	ئازادە
Soccer	پۇتبول
Surfing	دولقۇن قادىر
Swimming	سۇ ئۈزۈش
Tennis	تېننىس توپ
Travel	ساياھەت
Volleyball	ۋالىبول

Adjectives #1
سۈپەت # 1

Absolute	مۇتلەق
Active	ئاكتىپ
Attractive	جەلپىكار
Beautiful	گۈزەل
Bright	يورۇقلۇق
Dark	قاراڭغۇلۇق
Generous	مەردلىك
Happy	شادلىق
Heavy	ئېغىر
Helpful	ياردەملەر
Honest	سەمىمىي
Huge	غايەت زور
Identical	ئوخشاش
Important	مۇھىم
Innocent	بىگۇناھ
Modern	ھازىرقى زامان
Quiet	جىمجىتلىق
Slow	ئاستا
Thin	نېپىز
Valuable	ئەتىۋارلىق

Adjectives #2
سۈپەت # 2

Authentic	چىنلىق
Creative	ئىجادىي
Descriptive	دېكتاتۇرا
Dramatic	دىرامما
Dry	قۇرغاق
Elegant	نەپىس
Famous	داڭلىقلار
Healthy	ساغلام
Hot	قىزىق نۇقتا
Hungry	ئاچ قورساق
Interesting	قىزىقارلىق
Natural	تەبىئىي
New	يېڭى
Normal	نورمال
Productive	ھوسۇلى
Proud	پەخىرلىنىش
Responsible	مەسئۇل بولۇش
Sleepy	ئۇيقۇسى
Strong	قەيسەر
Wild	دالا

Adventure
تەۋەككۈلچىلىك

Activity	پائالىيەت
Beauty	گۈزەللىك
Dangerous	خەتەرلىك
Destination	مەنزىل
Difficulty	مۈشكۈل
Excursion	سەييارە
Friends	دوستلار
Joy	شادلىق
Navigation	يول باشلىغۇچى
New	يېڭى
Preparation	تەييارلىق
Safety	بىخەتەرلىك
Unusual	بىنورمال

Airplanes
ئايروپىلان

Adventure	تەۋەككۈلچىلىك
Air	ھاۋا
Altitude	ئېگىزلىك
Atmosphere	ئاتموسفېرا
Balloon	شار
Construction	قۇرۇلۇش
Design	لايىھە
Direction	يۆنىلىش
Engine	موتور
Fuel	يېقىلغۇ
Height	بوي ئېگىزلىكى
Hydrogen	ھىدروگېن
Inflate	مۇشت
Landing	قونۇش
Passenger	يولۇچى
Pilot	ئۇچقۇچى
Sky	ئاسمان
Turbulence	تۇرببىس

Algebra
ئالگېبرا

Diagram	دىئاگرامما
Equation	تەڭلىمە
Factor	ئامىل
False	يالغان
Fraction	كەسىر
Infinite	چەكسىز
Number	سان
Parenthesis	厅聆
Problem	مەسىلە
Variable	ئۆزگىرىشچان
Zero	نۆل

Antarctica
ئانتاركتىكا

Birds	قۇشلار
Clouds	بۇلۇتلار
Conservation	تېجەش
Continent	قىتئە
Cove	كولا
Environment	مۇھىت
Expedition	ئېكسپېدىتس ىيە
Geography	جۇغراپىيە
Glaciers	گلادىللار
Islands	ئاراللار
Migration	ھىجرەت
Peninsula	يېرىم ئارال
Researcher	تەتقىقاتچى
Scientific	ئىلمىي
Temperature	تېمپېراتۇرا
Water	سۇ
Whales	كىت

Antiques
قەدىمكى ئەسەرلەر

Authentic	چىنلىق
Century	ئەسىر
Coins	تەڭگە پۇللار
Decorative	بىزەكچىلىك
Elegant	نەپىس
Furniture	ئۆي جاھازلىرى
Investment	مەبلەغ سېلىش
Old	كونىلار
Price	باھاسى
Quality	سۈپەت
Unusual	بىنورمال
Value	قىممەت

Archeology
ئارخېئولوگىيە

Analysis	تەھلىل
Civilization	مەدەنىيلىك
Descendant	ئەۋلاد
Evaluation	باھالاش
Expert	مۇتەخەسسىس
Fossil	تاشقاتما
Mystery	سىر-سۇبات
Objects	جىسىملار
Researcher	تەتقىقاتچى
Team	كوماندا
Temple	ت ر ت
Tomb	قەبرە
Unknown	نامەلۇم

Art
سەنئەت

Ceramic	ساپار
Complex	مۇرەككەپ
Expression	ئىپادە
Honest	سەمىمىي
Inspired	ئىلھام
Mood	كەيپىيات
Original	ئەسلى
Poetry	شېئىرىيەت
Subject	تېما
Surrealism	تەسەۋۋۇپ
Symbol	بەلگىلەر

Art Supplies
سەنئەت بۇيۇملىرى

Acrylic	ئاكرىلىك
Brushes	چوتكا
Camera	كامېرا
Chair	ئورۇندۇق
Creativity	ئىجادىيلىق
Glue	يېلىم
Ideas	ئوي-پىكىرلەر
Oil	ماي
Paper	قەغەز
Table	جەدۋەل
Water	سۇ

Astronomy
ئاسترونومىيە

Asteroid سەييارىلەر
Astronomer ئاسترونوم
Cosmos كائىنات
Earth يەر شارى
Meteor ئاقار يۇلتۇز
Moon ئاي
Observatory رەسەتخانا
Planet سەييارە
Radiation رادىياتسىيە
Rocket راكېتا
Satellite سۈنئىي ھەمراھ
Sky ئاسمان
Solar قۇياش
Telescope تېلېسكوپ
Universe ئالەم ،

Ballet
بالېت

Audience تاماشىبىنلار
Dancers ئۇسسۇلچىلار
Gesture قول ئىشارىسى
Graceful لاتاپەتلىك
Intensity سالمىقى
Muscles مۇسكۇللار
Music ناخشا-مۇزىكا
Orchestra ئوركېستىر
Rhythm رىتىم
Skill ماھارەت
Technique تېخنىكا

Barbecues

Chicken توخۇ گۆشى
Children بالىلار
Dinner كەچلىك تاماق
Family ئائىلە
Food يېمەك-ئىچمەك
Friends دوستلار
Fruit مېۋە-چېۋە
Games ئويۇنلار
Hot قىزىق نۇقتا
Hunger ئاچلىق
Knives پىچاق
Music ناخشا-مۇزىكا
Pepper قىزىلمۇچ
Salads سالاھلار
Salt تۇز
Sauce 厅
Summer ياز
Tomatoes شوخلا
Vegetables كۆكتاتلار

Beach
دېڭىز ساھىلى

Blue كۆك رەڭ
Coast دېڭىز قىرغىقى
Crab قىسقۇچپاقا
Island ئارال
Ocean ئوكيان
Sand قۇم
Sandals ساندال
Sea دېڭىز
Sun قۇياش
Towel لۆڭگە
Umbrella كۆنلۈك

Bees
ھەرە

Beneficial پايدىلىق
Blossom چىمەنگۈل
Diversity كۆپ خىللىق
Flowers گۈللەر
Food يېمەك-ئىچمەك
Fruit مېۋە-چېۋە
Garden باغۋەنچىلىك
Honey شىرىن
Insect ھاشارات
Plants ئۆسۈملۈكلەر
Pollen گۈل چېڭى
Queen خانىش
Smoke ئىس-تۈتەك
Sun قۇياش
Wings قاناتلار

Birds
قۇشلار

Chicken توخۇ گۆشى
Duck ئۆردەك
Eagle بۈركۈت
Egg تۇخۇم
Goose غاز
Heron ھېرون
Parrot شاتۇت
Peacock توز
Pelican نەيچىلېپ
Pigeon كەپتەر
Sparrow قۇشقاچ
Stork مەشرەپ
Turkey تۈركىيە

Boats
كېمىلەر

Anchor	لەڭگەر
Buoy	بۇيۇي
Engine	موتور
Lake	كۆل
Ocean	ئوكيان
Raft	سال
River	دەريا
Rope	ئارغامچا
Sailor	ماتروس
Sea	دېڭىز
Tide	نىقشات
Yacht	ساياھەت كېمىسى

Books
كىتابلار

Adventure	كىشىلىك تەۋەككۈلچىلىك
Author	ئاپتور
Collection	توپلام
Context	مەزمۇن ئارقا كۆرۈنۈش
Humorous	يۇمۇرىستىك
Inventive	ئىجادىي
Novel	رومان
Page	بەت
Poem	شېئىر
Poetry	شېئىرىيەت
Reader	ئوقۇغۇچى
Relevant	مۇناسىۋەتلىك
Story	ھېكايە
Written	يېزىلغان

Buildings
بىنالار

Apartment	ئاپارتامېنت
Cabin	كەپە
Castle	قەلئە
Cathedral	چېركاۋ
Cinema	كىنوخانا
Embassy	ئەلچىخانا
Factory	زاۋۇت
Hospital	دوختۇرخانا
Hotel	مېھمانخانا
House	ئۆي
Laboratory	تەجرىبىخانا
Museum	مۇزېي
Observatory	رەسەتخانا
School	مەكتەپ
Supermarket	تاللا بازىرى
Tent	چېدىر
Theater	تىياتىرخانا
Tower	مۇنار
University	ئالىي مەكتەپ
Workshop	سېخ

Business
سودا

Budget	خامچوت
Company	شىركەت
Cost	تەننەرخ
Currency	پۇل بىرلىكى
Discount	ئېتىبار بېرىش
Economics	ئىقتىساد
Employer	خوجايىن
Factory	زاۋۇت
Finance	پۇل مۇئامىلە
Income	كىرىم
Investment	مەبلەغ سېلىش
Manager	باشقۇرغۇچى
Money	پۇل
Office	ئىشخانا
Profit	پايدا
Sale	سېتىش
Shop	دۇكان
Taxes	باج
Transaction	سودا-سېتىق

Camping

Adventure	تەۋەككۈلچىلىك
Animals	ھايۋانلار
Cabin	كەپە
Compass	كومپاس
Forest	ئورمان
Hunting	ئوۋ ئوۋلاش
Insect	ھاشارات
Lake	كۆل
Map	خەرىتە
Moon	ئاي
Mountain	تاغ
Rope	ئارغامچا
Tent	چېدىر
Trees	دەرەخلەر

Championship
چېمپىيونلۇق

Champion	چېمپىيون
Championship	چېمپىيونلۇق
Coach	ترېنېر
Games	ئويۇنلار
Judge	سوتچى
League	ئىتتىپاق
Medal	مېدال
Sports	تەنتەربىيە
Strategy	ئىستراتېگىيە
Team	كوماندا
Victory	غەلىبە

Chemistry
خىمىيە

Acid	اتالسىك
Atomic	موتائ
Carbon	كاروبن
Catalyst	كاتالىزاتور
Chlorine	خلور
Electron	ئېپلېكترون
Elements	ئېپلېمېنتلار
Gas	گاز
Heat	ئىىسسىقلىق
Hydrogen	ھىدروگېن
Liquid	سۇيۇقلۇق
Metals	مېتاللار
Molecule	مولېكۇلا
Nuclear	يادرو
Organic	ئورگانىك
Oxygen	ئوكسىگېن
Properties	خاسلىق
Reaction	ئىنكاس
Salt	تۇز
Temperature	تېمپېراتۇرا

Chess
شاھمات

Black	قارا
Champion	چېمپىيون
Contest	مۇسابىقە
Diagonal	دىئاگونال
Game	ئويۇن
King	پادىشاھ
Opponent	رەقىب
Passive	پاسسىپ
Player	قويغۇچ
Queen	خانىش
Rules	قائىدىلەر
Strategy	ئىستراتېگىيە
Time	ۋاقىت
White	ئاق

Circus
سىرك

Animals	ھايۋانلار
Balloons	شارلار
Costume	كىيىم-كېچەك
Elephant	پىل
Lion	شىر
Magic	تۇماھ رىھات
Monkey	مايمۇن
Music	مۇزىكا-ناخشا
Parade	تاراپ
Show	كۆرسەت
Spectator	تاماشىبىنلار
Tent	چېدىر
Tiger	يولۋاس
Trick	ھىلە-مىكىر

Climbing

Altitude	ئېگىزلىك
Atmosphere	ئاتموسفېرا
Boots	ئۆتۈك
Cave	ئۆڭكۈر
Curiosity	قىزىقىش
Expert	مۇتەخەسسىس
Gloves	پەلەي
Helmet	قالپاق
Injury	شىكەستلىنىش
Map	خەرىتە
Narrow	تار
Stability	مۇقىملىق
Strength	كۈچ-قۇۋۋەت
Training	مەشىقلىنىش

Clothes
كىيىملەر

Belt	قىلىمىسات
Bracelet	بىلەيۈزۈك
Coat	چاپان
Dress	كىيىم-كېچەك
Gloves	پەلەي
Jacket	چاپان چاپان
Necklace	زىرە
Pajamas	ئۇخلاش كىيىمى
Pants	ئىشتان
Sandals	ساندال
Shirt	كۆينەك
Shoe	ئاياق
Skirt	كۆينەك
Socks	پايپاق
Sweater	پوپايكا

Coffee
قەھۋە

Bitter	قاتىرق
Black	قارا
Caffeine	كوفېئىن
Cream	قايماق
Cup	ئىستاكان
Flavor	تەم خۇرۇچلىرى
Grind	غالجىرلاش
Liquid	سۇيۇقلۇق
Milk	سۈت
Morning	سەھەر
Price	باھاسى
Sugar	شېكەر
Water	سۇ

Colors
رەڭلەر

Black	قارا
Blue	كۆك رەڭ
Brown	قوڭۇر رەڭ
Green	يېشىل رەڭ
Grey	كۈلرەڭ
Orange	ئاپېلسىن رەڭ
Pink	ھال رەڭ
Purple	سۆسۈن رەڭ
Red	قىزىل رەڭ
White	ئاق
Yellow	سېرىق رەڭ

Countries #1
دۆلەتلەر # 1

Brazil	بىرازىلىيە
Canada	كانادا
Egypt	مىسىر
Finland	فىنلاندىيە
Germany	گېرمانىيە
Iraq	ئىراق
Israel	ئىسرائىلىيە
Italy	ئىتالىيە
Latvia	لاتۋىيە
Libya	لىبىيە
Morocco	ماراكەش
Nicaragua	نىكاراگۇئا
Norway	نورۋېگىيە
Panama	پاناما
Poland	پولشا
Romania	رومانىيە
Senegal	سېنېگال
Spain	ئىسپانىيە
Venezuela	ۋېنېسۇئېلا
Vietnam	ۋيېتنام

Countries #2

Albania	ئالبانىيە
Denmark	دانىيە
Ethiopia	ئېفىيوپىيە
Greece	گرىسىيە
Haiti	ھايتى
Jamaica	يامايكا
Japan	ياپونىيە
Kenya	كەنىيا
Lebanon	لىۋان
Liberia	لىبېرىيە
Mexico	مېكسىكا
Nepal	نېپال
Nigeria	نىگېرىيە
Pakistan	پاكىستان
Russia	رۇسىيە
Somalia	سومالى
Sudan	سۇدان
Syria	سۈرىيە
Uganda	ئۇگاندا
Ukraine	ئۇكرائىنا

Creativity
ئىجادچانلىق

Authenticity	چىنلىق
Clarity	سۈزۈكلۈك
Dramatic	دىرامما
Emotions	كەيپىيات
Expression	ئىپادە
Ideas	ئوي-پىكىرلەر
Image	رەسىم
Imagination	تەسەۋۋۇر
Inspiration	ئىلھام توختى
Intensity	سالمىقى
Inventive	كەشپىيات
Sensation	سېزىش
Skill	ماھارەت
Spontaneous	ئۆزلۈكىدىن
Vitality	ھاياتىي كۈچ

Cycling
ۋېلىسىپىت مىنىش

Bicycle	ۋېلىسىپىت
Brakes	تورمۇز
Coach	ترېنېر
Competition	مۇسابىقە
Distance	ئارىلىق
Healthy	ساغلام
Helmet	قالپاق
Hills	دۆڭكۆۋرۈك
Speed	سۈرئەت
Strength	كۈچ-قۇۋۋەت
Wheels	چاقلار

Days and Months
كۈن ۋە ئاي

April	ئاپرېل
August	ئاۋغۇست
Calendar	كالېندار
February	فېۋرال
Friday	جۈمە
January	يانۋار
July	ئىيۇل
March	مارت
Monday	دۈشەنبە
Month	ئاي
November	نويابىر
October	ئۆكتەبىر
Saturday	شەنبە
September	سېنتەبىر
Sunday	يەكشەنبە
Thursday	پەيشەنبە
Tuesday	سەيشەنبە
Wednesday	چارشەنبە
Week	ھەپتە
Year	يىل

Diplomacy
دىپلوماتىيە

Adviser	مەسلىھەتچى
Ambassador	باش ئەلچى
Community	مەھەللە
Conflict	توقۇنۇش
Cooperation	ھەمكارلىق
Discussion	مۇھاكىمە
Embassy	ئەلچىخانا
Ethics	ئەخلاق
Foreign	چەتئەل
Government	ھۆكۈمەت
Integrity	سەمىمىيەت
Justice	ئادالەت
Languages	تىل
Politics	سىياسەت
Resolution	قارار
Security	بىخەتەرلىك
Treaty	شەرتنامە

Driving
ماشىنا ھەيدەش

Accident	ھادىسە
Brakes	تورمۇز
Bus	ئاپتوبۇس
Car	ماشىنا
Danger	خەتەر
Driver	شوپۇر
Fuel	يېقىلغۇ
Gas	گاز
License	ئىجازەتنامە
Map	خەرىتە
Motorcycle	موتوسىكلىت
Pedestrian	پىيادىلەر
Police	ساقچى
Road	يول
Safety	بىخەتەرلىك
Speed	سۈرئەت
Traffic	ئېقىم مىقدارى
Tunnel	تونېل

Electricity
توك

Battery	باتارېيە
Cable	كابېل
Electric	توك
Electrician	توك شىركىتى
Generator	گېنېراتور
Lamp	لامپۇچكا
Negative	مەنپىي
Network	تور
Objects	جىسىملار
Positive	مۇسبەت
Storage	ساقلاش
Telephone	تېلېفون

Emotions
ھېسسىيات

Anger	غەزىپى
Boredom	زېرىكىش
Calm	تىنىچلىق
Fear	ۋەھىمە
Grateful	شۈكۈر قىلىش
Joy	شادلىق
Kindness	مېھرىبانلىق
Love	مۇھەببەت
Peace	تېنچلىق
Sadness	قايغۇرۇش
Satisfied	رازىمەنلىك
Sympathy	ھېسداشلىق
Tenderness	يۇمرانلىق
Tranquility	خاتىرجەملىك

Energy
ئېنېرگىيە

Battery	باتارېيە
Carbon	كاربون
Diesel	دىزېل
Electric	توك
Electron	ئېلېكترون
Engine	موتور
Environment	مۇھىت
Fuel	يېقىلغۇ
Gasoline	بېنزىن
Heat	ئىسسىقلىق
Hydrogen	ھىدروگېن
Industry	ساھە
Nuclear	يادرو
Pollution	بۇلغىنىش
Sun	قۇياش
Wind	شامال

Engineering
قۇرۇلۇش

Angle	بۇلۇڭ
Axis	ئوق
Calculation	ھېسابلاش
Construction	قۇرۇلۇش
Depth	چوڭقۇرلۇق
Diagram	دىئاگرامما
Diameter	دىئامېتىرى
Diesel	دىزېل
Distribution	تارقىتىش
Energy	ئېنېرگىيە
Engine	موتور
Liquid	سۇيۇقلۇق
Machine	ماشىنا
Measurement	ئۆلچەش
Stability	مۇقىملىق
Strength	كۈچ-قۇۋۋەت
Structure	قۇرۇلما

Ethics
ئەخلاق

Compassion	رەھىم-شەپقەت
Cooperation	ھەمكارلىق
Honesty	سەمىمىيلىك
Integrity	سەمىمىيەت
Kindness	مېھرىبانلىق
Optimism	ئۈمىدۋارلىق
Patience	سەۋر-تاقەت
Philosophy	پەلسەپە
Rationality	ئەقىل-ئىدراك
Realism	رېئالىزم
Reasonable	مۇۋاپىق
Wisdom	ئەقىل-پاراسەت

Exploration
ئىزدىنىش

Activity	پائالىيەت
Animals	ھايۋانلار
Courage	جاسارەت
Determination	ئىرادە
Discovery	بايقاش
Exhaustion	ھارغىنلىق
Language	تىل
New	يېڭى
Travel	ساياھەت
Unknown	نامەلۇم
Wild	دالا

Family
ئائىلە

Ancestor	ئەجداد
Aunt	ھاممام
Brother	ئاكا-ئۇكا
Child	بالا
Childhood	بالىلىق دەۋرى
Children	بالىلار
Cousin	نەۋرە ئاكا
Daughter	قىز
Father	ئاتا
Grandchild	نەۋائىيى
Grandfather	بوۋىسى
Grandmother	موما
Grandson	نەۋرۇز
Husband	ئېرى
Mother	ئانا
Nephew	جىيەنى
Niece	جىيەن قىزى
Sister	ئاچا-سىڭىل
Uncle	تاغا
Wife	خوتۇن-خانىم

Farm #1
دېھقانچىلىق مەيدانى 1

Agriculture	يېزا ئىگىلىكى
Bee	ھەرە
Cat	مۈشۈك
Chicken	توخۇ گۆشى
Cow	كالا
Dog	ئىت
Donkey	ئېشەك
Fence	رىشاتكا
Fertilizer	ئوغۇت
Field	دالا
Flock	قوي پادىسى
Goat	ئۆچكە
Honey	شىرىن
Horse	ئات
Land	يەر-زېمىن
Rice	گۈرۈچ تامىقى
Seeds	ئۇرۇقلار
Shovels	گۈرجەكلەر
Water	سۇ

Farm #2

Animals	ھايۋانلار
Barley	ئارپا
Corn	قوناق ئۇنى
Duck	ئۆردەك
Farmer	دېھقان
Food	يىمەك-ئىچمەك
Fruit	مېۋە-چېۋە
Irrigation	سۇغىرىش
Llama	لاما
Milk	سۈت
Orchard	ئورخان
Sheep	قوي
Tractor	تىراكتور
Vegetable	كۆكتات
Wheat	بۇغداي
Windmill	شامالباغ

Food #1
يېمەكلىك # 1

Apricot	ئۆرۈك
Barley	ئارپا
Cake	تورت
Carrot	سەۋزە
Coffee	قەھۋە
Garlic	سامساق
Juice	مېۋە شەربىتى
Lemon	لىمون
Meat	گۆش
Milk	سۈت
Onion	باش پىياز
Peanut	يەر ياڭىقى
Pear	نەشپۈت
Salad	سالاھ
Salt	تۇز
Soup	شورپا
Spinach	پالەك
Strawberry	بۆلجۈرگەن
Sugar	شېكەر
Tuna	تۇنۇس بېلىقى

Food #2
يېمەكلىك # 2

Almond	ئۆرۈك مېغىزى
Apple	ئالما شىرىكتى
Banana	بانان
Bread	بولكا
Celery	چىڭسەي
Cheese	ئىرىمچىك
Cherry	نورۇز
Chicken	توخۇ گۆشى
Chocolate	شاكىلات
Egg	تۇخۇم
Eggplant	پېدىگەن
Fish	بېلىق
Grape	ئۈزۈم
Mushroom	موگۇ
Peach	شاپتۇل
Pineapple	ئاناناس
Rice	گۈرۈچ تامىقى
Tomato	شوخلا
Wheat	بۇغداي
Yogurt	قېتىق

Force and Gravity
كۈچ ۋە تارتىش كۈچى

Axis	ئوق
Center	مەركىزى
Discovery	بايقاش
Distance	ئارىلىق
Expansion	كېڭىيىش
Magnetism	ماگنىتسكىي
Mechanics	مېخانىك
Orbit	ئوربىتا
Physics	فىزىكا
Pressure	بېسىم
Properties	خاسلىق
Speed	سۈرئەت
Time	ۋاقتىدا
Universal	ئۇنىۋېرسال

Fruit
مېۋە

Apple	ئالما شىرىكتى
Apricot	ئۆرۈك
Banana	بانان
Berry	بۆلجۈرگەن
Cherry	نورۇز
Coconut	كوكۇس
Grape	ئۈزۈم
Grapefruit	ئۈزۈمزارلىق
Lemon	لىمون
Lychee	لىجى
Melon	قوغۇن
Orange	ئاپېلسىن رەڭ
Peach	شاپتۇل
Pear	نەشپۈت
Pineapple	ئاناناس

Garden
باغ

Bench	ئورۇندۇق
Bush	بۇش
Fence	رىشاتكا
Flower	گۇلسارا
Garden	باغۋەنچىلىك
Grass	ئوت-چۆپلەر
Hose	كەسمە
Orchard	ئورخان
Pond	كۆلچەك
Shovel	گۈرجەك
Tree	دەرەخ

Gardening
باغۋەنچىلىك

Blossom	چىمەنگۈل
Bouquet	بۇيۇكت
Climate	كىلىمات
Container	قاچىلار
Edible	يېڭىلمەس
Hose	كەسمە
Leaf	يوپۇرماق
Moisture	نەملىك
Orchard	ئورخان
Seasonal	پەسىللىك
Seeds	ئۇرۇقلار
Water	سۇ

Geography
جۇغراپىيە

Altitude	ئېگىزلىك
City	شەھەر
Continent	قىتئە
Country	دۆلەت
Globe	يەرشارى
Hemisphere	يېرىم شار
Island	ئارال
Map	خەرىتە
Mountain	تاغ
North	شىمال
Ocean	ئوكيان
Region	رايون
River	دەريا
Sea	دېڭىز
South	جەنۇب
Tropics	تروپىكسىيە
West	غەربىي رايون
World	دۇنيا

Geology
گېئولوگىيە

Acid كىسلاتا
Calcium كالتسىي
Continent قىتئە
Crystals كرىستال
Cycles دەۋرىيلىك
Earthquake يەر تەۋرەش
Erosion شەلۋەرەش
Fossil تاشقاتما
Lava لاۋا
Layer قەۋەت
Molten مورىنگا
Plateau ئېگىزلىك
Salt تۇز
Stone تاش
Volcano يانار تاغ
Zone رايون

Geometry

Angle بۇلۇڭ
Calculation ھېسابلاش
Circle چەمبىرەك
Curve ئەگمە
Diameter دىئامېتىرى
Equation تەڭلىمە
Height بوي ئېگىزلىك
Logic لوگىكا
Mass مېسسى
Number سان
Proportion نىسبەت
Square كۇۋادىرات
Symmetry سىممېترىيە
Theory نەزەرىيە
Triangle ئۈچ بۇرجەك
Vertical تىك

Government
ھۆكۈمەت

Citizenship پۇقرالىق
Civil ھەق تەلەپ
Constitution ئاساسىي قانۇن
Democracy دېموكراتىيە
Discussion مۇھاكىمە
Equality باراۋەرلىك
Independence مۇستەقىللىق
Judicial ئەدلىيە
Justice ئادالەت
Law قانۇن
Leader رەھبەر
Liberty ئەركىنلىك
Monument ئابىدە
Nation مىللەت
Peaceful تېنچلىق
Politics سىياسەت
Speech نۇتۇق
Symbol بەلگىلەر

Hair Types
چاچ تۈرى

Black قارا
Braided ئەدىبلەر
Brown قوڭۇر رەڭ
Colored رەڭگارەڭ
Curly بۆگۆر
Dry قۇرغاق
Gray كۆلرەڭ
Healthy ساغلام
Shiny پارقىراق
Short قىسقا
Soft يۇمشاق
Thick قېلىن
Thin نېپىز
Wavy دولقۇنسىمان
White ئاق

Health and Wellness #1
ساغلاملىق ۋە ساغلاملىق
#

Active ئاكتىپ
Bacteria باكتېرىيە
Clinic ئامبۇلاتورىيە
Doctor دوختۇر
Fracture سۇنۇق
Habit ئادەت
Height بوي ئېگىزلىك
Hormones ھورمون
Hunger ئاچلىق
Injury زەخىملىنىش
Muscles مۇسكۇللار
Nerves نېرۋا
Pharmacy دورىگەرلىك
Reflex رېفلېكس
Relaxation بوشاشتۇرۇش
Skin تېرە
Treatment داۋالاش
Virus ۋىرۇس

Health and Wellness #2
ساغلاملىق ۋە ساغلاملىق
#

Allergy رېئاكسىيە
Anatomy ئاناتومىيە
Blood قان
Body بەدەن
Calorie كالورىيە
Circulation ئوبروت
Diet يېمەك-ئىچمەك
Digestion ھەزىم قىلىش
Disease كېسەللىك
Energy ئېنېرگىيە
Genetics ئىرسىيەت
Healthy ساغلام
Hospital دوختۇرخانا
Hygiene تازىلىق
Infection يۇقۇملىنىش
Massage ئۇۋۇلاش
Mood كەيپىيات
Nutrition ئوزۇقلۇق
Sleep ئۇيقۇ
Vitamin ۋىتامىن

Herbalism

ئۆسۈملۈك دورىلىرى

Beneficial	پايدىلىق
Coriander	يۇمغاقسۈت
Culinary	ئاشپەزلەر
Flavor	تەم خۇرۇچلىرى
Flower	گۈلسارا
Garden	باغۋەنچىلىك
Garlic	سامساق
Green	يېشىل رەڭ
Ingredient	مەسھۇلات
Lavender	لاچىندانە
Plant	ئۆسۈملۈك
Quality	سۈپەت
Saffron	سەفاكۆي

Hiking

پىيادە مېڭىش

Animals	ھايۋانلار
Boots	ئۆتۈك
Camping	لاگېر
Climate	كىلىمات
Heavy	ئېغىر
Map	خەرىتە
Mountain	تاغ
Orientation	يۆزلىنىش
Preparation	تەييارلىق
Stones	تاشلار
Sun	قۇياش
Tired	ھارغىنلىق
Water	سۇ
Wild	دالا

House

ئۆي

Broom	سۈپۈرگە
Ceiling	تورۇس
Curtains	پەردىلەر
Door	ئىشىك
Fence	رىشاتكا
Floor	قەۋەت
Furniture	ئۆي جاھازلىرى
Garden	باغۋەنچىلىك
Kitchen	ئاشخانا
Lamp	لامپۇچكا
Library	كۈتۈپخانا
Mirror	ئەينەك
Roof	ئۆگزە
Room	ئۆي
Stairs	پەلەمپەي
Wall	تام
Window	كۆزنەك

Human Body

ئادەم بەدىنى

Ankle	پۇت ئوشۇقى
Blood	قان
Brain	چوڭ مېڭە
Ear	قۇلاق
Elbow	جەينەك
Eye	كۆز
Face	يۈز
Finger	بارماق
Hand	قول
Head	باش
Heart	يۈرەك
Knee	تىز
Leg	پۇت
Mouth	ئېغىز بوشلۇقى
Neck	بويۇن
Nose	بۇرۇن
Shoulder	مۈرە
Skin	تىرە
Stomach	ئاشقازان
Tongue	تىل تىل

Jazz

Album	ئالبوم
Artist	سەنئەتكار
Drums	دۇمباق
Emphasis	تەكىتلەش
Famous	داڭلىقلار
Improvisation	ياخشىلاش
Music	ناخشا-مۇزىكا
New	يېڭى
Old	كونىلار
Orchestra	ئوركېستىر
Rhythm	رىتىم
Song	ناخشا
Technique	تىخنىكا

Landscapes

مەنزىرە رايونى

Beach	ساھىل
Cave	ئۆڭكۈر
Cove	كولا
Desert	قۇملۇق
Estuary	ئىدەبىلەر
Glacier	گلادىچى
Hill	دۆڭكۆۋرۈك
Iceberg	مۇز تاغ
Island	ئارال
Lake	كۆل
Mountain	تاغ
Ocean	ئوكيان
Peninsula	يېرىم ئارال
River	دەريا
Sea	دېڭىز
Tundra	تۇندرا
Valley	جىلغا
Volcano	يانار تاغ
Waterfall	شارقىراتما

Literature
ئەدەبىيات

Analysis	تەھلىل
Author	ئاپتورى
Biography	تەرجىمىھالى
Comparison	سېلىشتۇرما
Conclusion	خۇلاسە
Description	چۈشەندۈرۈش
Dialogue	سۆھبەت
Fiction	ھىكايىلەر
Metaphor	مېتافىزىكا
Novel	رومان
Opinion	پىكىر
Poem	شېئىر
Poetic	شېئىرىي
Rhythm	رىتىم
Theme	ئۇسلۇب
Tragedy	تراگېدىيە

Mammals
سۈت ئەمگۈچىلەر

Bear	ئېيىق
Beaver	قۇندۇز
Bull	بۇقا
Camel	تۆگە
Cat	مۈشۈك
Cheetah	يىلپىز
Dog	ئىت
Dolphin	دېلفىن
Elephant	پىل
Fox	تۈلكە
Giraffe	زىراپە
Gorilla	گورلا
Horse	ئات
Kangaroo	كېنگۇرۇ
Lion	شىر
Monkey	مايمۇن
Rabbit	توشقان
Sheep	قوي
Whale	كىت
Wolf	بۆرە

Measurements
ئۆلچەش

Centimeter	سانتىمېتىر
Decimal	فاتىمە
Degree	گرادۇس
Depth	چوڭقۇرلۇق
Height	بوي ئېگىزلىكى
Kilogram	كىلوگرام
Kilometer	كىلومىتىر
Length	ئۇزۇنلۇقى
Liter	لىتىر
Mass	مېسسى
Minute	مىنۇت
Width	كەڭلىك

Meditation

Acceptance	قوبۇل قىلىش
Awake	ئويغان
Breathing	نەپەسلىنىش
Calm	تىنىچلىق
Clarity	سۈزۈكلۈك
Compassion	رەھىم-شەپقەت
Emotions	كەيپىيات
Habits	ئادەتلەر
Kindness	مېھرىبانلىق
Mental	روھىي ھالەت
Mind	تەپەككۇر
Movement	ھەرىكەت
Music	ناخشا-مۇزىكا
Peace	تېنچلىق
Perspective	نۇقتىئىنەزەر
Silence	سۈكۈت

Money
پۇل

Bank	بانكا
Budget	خامچوت
Cheap	ئەرزان
Credit	كرېدىت
Currency	پۇل بىرلىكى
Debt	قەرز
Discount	ئېتىبار بېرىش
Economy	ئىقتىساد
Finance	پۇل مۇئامىلە
Funds	مەبلەغ
Income	كىرىم
Sales	سېتىش
Taxes	باج
Wallet	پورتمال

Music
مۇزىكا

Album	ئالبوم
Chorus	خور
Harmonic	گارمونىك
Harmony	ئىناقلىق
Melody	مېلودىيە
Microphone	مىكروفون
Musician	مۇزىكانت
Poetic	شېئىرىي
Recording	ئۈن ئېلىش
Rhythm	رىتىم
Rhythmic	رىتىملىق
Sing	ناخشا ئېيتىش
Singer	ناخشا چولپىنى
Vocal	ئاۋازلىق

Mythology
ئەپسانىلەر

Behavior	ھەرىكەت
Beliefs	ئېتىقادلار
Creation	ئىجادىيەت
Creature	مەخلۇق
Culture	مەدەنىيەت
Deities	ئىلاھلار
Disaster	ئاپەت
Heaven	ئاسمان
Hero	قەھرىمان
Immortality	ئۆلمەس
Jealousy	ھەسەتخورلۇق
Legend	رىۋايەت
Lightning	چاقماق
Revenge	ئۆچ ئېلىش
Strength	كۈچ-قۇۋۋەت
Thunder	گۈلدۈرمامىلىق
Warrior	جەڭچى

Nature
تەبىئەت

Animals	ھايۋانلار
Arctic	شىمالىي قۇتۇپ
Beauty	گۈزەللىك
Bees	ھەرە
Clouds	بۇلۇتلار
Desert	قۇملۇق
Erosion	شەرەۋلەش
Fog	تۇمان
Forest	ئورمان
Glacier	گلادىچى
Peaceful	تېنچلىق
River	دەريا
Wild	دالا

Numbers
سان

Decimal	فاتىمە
Eight	سەككىز
Fifteen	ئون بەش
Five	بەش
Four	تۆت
Fourteen	ئون تۆت
Nine	توققۇز
Nineteen	ئون توققۇز
One	بىر
Seven	يەتتىنچى
Seventeen	ئون يەتتە
Sixteen	ئون ئالتىنچى
Ten	ئون
Thirteen	ئون ئۈچ
Three	ئۈچ
Twenty	يىگىرمە يىل
Two	ئىككى
Zero	نۆل

Nutrition
ئوزۇقلۇق

Balanced	تەكشى
Bitter	قاترىق
Calories	كالورىيە
Diet	يېمەك-ئىچمەك
Digestion	ھەزىم قىلىش
Edible	يېڭىلمەس
Fermentation	ئېچىتىش
Flavor	تەم خۇرۇچلىرى
Habits	ئادەتلەر
Health	ساغلاملىق
Healthy	ساغلام
Liquids	سۇيۇقلۇقلار
Proteins	ئاقسىل
Quality	سۈپەت
Sauce	厅
Spices	تېتىتقۇلار
Vitamin	ۋىتامىن

Pets
ئەرمەك ھايۋانلار

Cat	مۈشۈك
Collar	ياقىلىقلار
Cow	كالا
Dog	ئىت
Fish	بېلىق
Food	يېمەك-ئىچمەك
Goat	ئۆچكە
Kitten	ئاسلان
Lizard	كەسلەنچۈك
Parrot	تۇتاش
Rabbit	توشقان
Turtle	تاشپاقا
Veterinarian	مال دوختۇرى
Water	سۇ

Philanthropy

Children	بالىلار
Community	مەھەللە
Contacts	ئالاقىداش
Finance	پۇل مۇئامىلە
Funds	مەبلەغ
Generosity	مەردلىك
Goals	نىشانلار
Groups	گۇرۇپپىلار
Honesty	سەمىمىيلىك
Mission	ۋەزىپە
People	شەخسلەر
Programs	پروگراممىلار
Public	جامائەت
Youth	ياشلىق

Photography
فارگوتوف

Black	اراق
Camera	اريماك
Color	ڭەر
Contrast	امرۇتشىشلىېس
Darkness	قۇلۇغڭاراق
Definition	ئىپنىقلىما
Format	تامروف
Frame	اكمار
Lighting	شۇتۇروي
Object	ۋرۇتشالقىيىلا ش
Perspective	نۇقتىئىىنەزەر
Portrait	تېرتروپ
Shadows	سايە
Subject	امېت
Texture	امۇقۇت

Physics
اكىزىف

Atom	موتائ
Density	قىلچىز
Electron	نورتكېلېئ
Engine	روتوم
Expansion	شىيىڭكېك
Experiment	تەجرىبە
Frequency	چاستوتىسى
Gas	زاگ
Magnetism	ماگنىتسكىي
Mass	مېسسى
Mechanics	مېخانىك
Molecule	مولېكۇلا
Nuclear	يادرو
Particle	زەررىچە
Speed	تەئزۈس
Universal	ئۇنىۋېرسال
Variable	ئۆزگىرىشچان
Velocity	نەلىب تەددىش

Plants
رەلكۈلموسۈئ

Bamboo	كۇبماپ
Bean	پۇرچاق
Berry	نەگرۈجلۈپ
Blossom	لۈگنەمچىى
Bush	شۇپ
Fertilizer	تۇغۇئ
Flower	گۇلسارا
Forest	نامروئ
Garden	كىلىچنەغۇاب
Grass	رەلپۇچ-تۇئ
Leaf	يوپۇرماق
Sun	قۇياش
Tree	دەرەخ
Vegetable	كۆكتات

Politics
تەسىياس

Activist	پائالىيەتچى
Candidate	نامزات
Choice	تاللىشى
Committee	كومېتېت
Equality	باراۋەرلىك
Ethics	ئەخلاق
Freedom	ئەركىنلىك
Government	ھۆكۈمەت
Opinion	پىكىر
Policy	سىياسەت
Popularity	ئاۋاتلىقى
Strategy	ئىستىراتېگى يە
Taxes	باج
Victory	غەلىبە

Professions #1
كەسپى # 1

Ambassador	باش ئەلچى
Astronomer	ئاسترونوم
Attorney	ئادۋۇكات
Cartographer	كارتوگراف
Coach	ترېنېر
Dancer	ئۇسسۇلچى
Doctor	دوختۇر
Editor	تەھرىر
Geologist	گېئولوگ
Hunter	ئوۋچى
Lawyer	ئادۋوكات
Musician	مۇزىكانت
Nurse	سېسترا
Pharmacist	دورىگەر
Pianist	پىيانىست
Plumber	چىپارچى
Psychologist	پسىخولوگ
Sailor	ماترۇس
Scientist	ئالىم ئەھەت
Veterinarian	مال دوختۇرى

Professions #2
كەسپى # 2

Dentist	چىش دوختۇرى
Detective	ازۇرېدكا
Engineer	ئىنژېنېر
Farmer	دېھقان
Gardener	باغۋەن
Inventor	كەشپىياتچى
Investigator	كىچرېدۋۇزار
Journalist	مۇخبىر
Linguist	تىلشۇناس
Painter	رەسسام
Philosopher	پەيلاسوپ
Photographer	فوتوگراف
Physician	دوختۇر
Pilot	ئۇچقۇچى
Researcher	تەتقىقاتچى
Teacher	مۇئەللىم
Zoologist	زوئولوگ

Psychology
پسىخولوگىيە

Assessment	باھالاش
Behavior	ھەركىتى
Childhood	بالىلىق دەۋرى
Cognition	يىرىكلىشىش
Conflict	توقۇنۇش
Dreams	ئارزۇلار
Emotions	كەيپىيات
Ideas	ئوي-پىكىرلەر
Perception	سەزگۈ
Problem	مەسىلە
Reality	رئاللىق
Sensation	سېزىش
Unconscious	ئاڭسىز

Restaurant #1
رېستوران # 1

Allergy	رېئاكسىيە
Bowl	قاچا-قۇتا
Bread	بولكا
Chicken	توخۇ گۆشى
Coffee	قەھۋە
Dessert	تاتلىق تۈرۈم
Food	يىمەك-ئىچمەك
Kitchen	ئاشخانا
Knife	پىچاق
Meat	گۆش
Menu	تىزىملىك
Sauce	厅
Spicy	ئاچچىق-چۈچۈك
Waitress	مۇلازىم

Restaurant #2
رېستوران # 2

Cake	تورت
Chair	ئورۇندۇق
Delicious	مەززىلىك
Dinner	كەچلىك تاماق
Fish	بېلىق
Fruit	مېۋە-چېۋە
Noodles	لەغمەن
Salad	سالاھ
Salt	تۇز
Soup	شورپا
Spices	تېتىتقۇلار
Spoon	قوشۇق
Vegetables	كۆكتاتلار
Waiter	مۇلازىم
Water	سۇ

Science

Atom	ئاتوم
Climate	كىلىمات
Experiment	تەجرىبە
Fact	ئەمەلىيەت
Fossil	تاشقاتما
Hypothesis	مۇناپىقلىق
Laboratory	تەجرىبىخانا
Method	ئۇسۇل
Molecules	مولېكۇلار
Particles	زەررىچىلەر
Physics	فىزىكا
Plants	ئۆسۈملۈكلەر
Scientist	ئالىم ئەھەت

Scientific Disciplines
ئىلمىي پەنلەر

Anatomy	ئاناتومىيە
Archaeology	ئارخېئولوگىيە
Astronomy	ئاسترونومىيە
Biochemistry	بىئو خىمىيە
Biology	بىئولوگىيە
Chemistry	خىمىيە
Ecology	ئېكولوگىيە
Geology	گېئولوگىيە
Kinesiology	كېنىزولوگىيە
Linguistics	تىلشۇناسلىق
Mechanics	مېخانىك
Nutrition	ئوزۇقلۇق
Physics	فىزىكا
Physiology	فىزىئولوگىيە
Psychology	پسىخولوگىيە
Robotics	ماشىنا ئادەم
Zoology	زوئولوگىيە

Sport

Athlete	تەنھەرىكەتچى
Body	بەدەن
Coach	ترېنېر
Diet	يېمەك-ئىچمەك
Health	ساغلاملىق
Maximize	ئەڭ چوڭ چەكتە
Metabolic	مېتابولىزم
Muscles	مۇسكۇللار
Nutrition	ئوزۇقلۇق
Program	پروگرامما
Sports	تەنتەربىيە
Strength	كۈچ-قۇۋۋەت

Sports
تەنھەرىكەت

Athlete	تەنھەرىكەتچى
Baseball	كالتەك توپ
Basketball	ۋاسكېتبول
Bicycle	ۋېلىسىپىت
Championship	چىمپىيۇنلۇق
Coach	ترېنېر
Game	ئويۇن
Golf	گولف توپ
Gymnastics	گىمناستىكا
Movement	ھەرىكەت
Player	قويغۇچ
Referee	رېپىر
Team	كوماندا
Tennis	تېننىس توپ

Technology
تېخنىكا

Blog	بلوگ
Browser	تور كۆرگۆچ
Camera	كامېرا
Computer	كومپيۇتېر
File	ھۆججەت
Message	ئۇچۇر
Screen	ئېكران
Security	بىخەتەرلىك
Software	يۇمشاق دېتال
Statistics	سىتاتىستىكا
Virtual	مەۋھۇم
Virus	ۋىرۇس

The Company

Business	سودا-تىجارەت
Creative	ئىجادىي
Decision	قارار
Industry	ساھە
Investment	مەبلەغ سېلىش
Possibility	ئىمكان
Presentation	سۇنۇش
Product	مەھسۇلات
Progress	ئىلگىرىلەش
Quality	سۈپەت
Reputation	نام-ئابرۇي
Resources	بايلىقلار
Revenue	كىرىم
Risks	خەۋپ-خەتەر
Units	ئورۇنلار

The Media

Commercial	سودا-تىجارەت
Communication	ئالاقە
Edition	نەشىرى
Facts	پاكىتلار
Funding	خىراجەت
Industry	ساھە
Intellectual	زىيالىيلىق
Local	يەرلىك
Network	تور
Online	توردا
Opinion	پىكىر
Public	جامائەت

Time
ۋاقىت

After	كېيىن
Annual	يىللىق
Before	بۇرۇن
Calendar	كالېندار
Century	ئەسىر
Day	كۈن
Decade	ئون يىل
Early	بالدۇر كېتىش
Hour	سائەت
Minute	مىنۇت
Month	ئاي
Morning	سەھەر
Night	تۈن
Noon	چۈش
Now	ھازىر
Soon	پات يېقىندا
Today	تارىخ-بۈگۈن
Week	ھەپتە
Year	يىل
Yesterday	تۈنۈگۈن

To Fill
تولدۇرۇش

Bag	سومكا
Barrel	تۇڭ
Basket	سېۋەت
Bottle	بوتۇلكا
Box	قۇتىلار
Bucket	چېلەك
Drawer	تارتما تارتما
Envelope	كونۋېرت
Folder	ھۆججەت قىسقۇچ
Pocket	يانچۇق
Suitcase	چامغۇر
Tray	تراكتور
Vase	لوڭقا

Town

Airport	ئايرودۇرۇم
Bakery	بولكا دۇكىنى
Bank	بانكا
Bookstore	كىتابخانىلار
Cinema	كىنوخانا
Clinic	ئامبۇلاتورىيە
Hotel	مېھمانساراي
Library	كۇتۇپخانا
Market	بازىرى
Museum	مۇزېي
Pharmacy	دورىگەرلىك
School	مەكتەپ
Store	دۇكان
Supermarket	تالالل بازىرى
Theater	تىياتىرخانا
University	ئالىي مەكتەپ

Vacation #2

Airport	ئايرودۇرۇم
Beach	ساھىل
Camping	لاگېر
Destination	مەنزىل
Foreigner	چەتئەل
Hotel	مېھمانساراي
Island	ئارال
Journey	مۇساپە
Leisure	ئارام ئېلىش
Map	خەرىتە
Passport	پاسپورت
Sea	دېڭىز
Tent	چېدىر
Train	پويىز
Visa	ۋىزا

Vegetables
كۆكتاتلار

Carrot	سەۋزە
Cauliflower	چېچەكسەي
Celery	چىڭسەي
Cucumber	تەرخەمەك
Eggplant	پېدىگەن
Garlic	سامساق
Ginger	زەنجىۋىل
Mushroom	موگۇ
Olive	زەيتۇن
Onion	باش پىياز
Potato	ياڭيۇ
Pumpkin	كاۋا
Radish	تۇرۇپ
Salad	سالاھ
Spinach	پالەك
Tomato	شوخلا
Zucchini	چۈچۈچىنى

Vehicles
ماشىنىلار

Airplane	ئايروپىلان
Bicycle	ۋېلىسىپىت
Bus	ئاپتوبۇس
Car	ماشىنا
Caravan	كاراۋان
Engine	موتور
Raft	سال
Rocket	راكېتا
Shuttle	ئايرۇپىلان
Subway	مېترو
Tires	بالون
Tractor	تىراكتور
Train	پويىز

Congratulations

You made it!

We hope you enjoyed this book as much as we enjoyed making it. We do our best to make high quality games.
These puzzles are designed in a clever way for you to learn actively while having fun!

Did you love them?

A Simple Request

Our books exist thanks your reviews. Could you help us by leaving one now?

Here is a short link which will take you to your order review page:

BestBooksActivity.com/Review50

MONSTER CHALLENGE!

Challenge #1

Ready for Your Bonus Game? We use them all the time but they are not so easy to find. Here are **Synonyms**!

Note 5 words you discovered in each of the Puzzles noted below (#21, #36, #76) and try to find 2 synonyms for each word.

Note 5 Words from ***Puzzle 21***

Words	Synonym 1	Synonym 2

Note 5 Words from ***Puzzle 36***

Words	Synonym 1	Synonym 2

Note 5 Words from ***Puzzle 76***

Words	Synonym 1	Synonym 2

Challenge #2

Now that you are warmed-up, note 5 words you discovered in each Puzzle noted below (#9, #17, #25) and try to find 2 antonyms for each word. How many lines can you do in 20 minutes?

Note 5 Words from ***Puzzle 9***

Words	Antonym 1	Antonym 2

Note 5 Words from ***Puzzle 17***

Words	Antonym 1	Antonym 2

Note 5 Words from ***Puzzle 25***

Words	Antonym 1	Antonym 2

Challenge #3

Wonderful, this monster  challenge is nothing to you!

Ready for the last one? Choose your 10 favorite words discovered in any of the Puzzles and note them below.

1.	6.
2.	7.
3.	8.
4.	9.
5.	10.

Now, using these words and within a maximum of six sentences, your challenge is to compose a text about a person, animal or place that you love!

Tip: You can use the last blank page of this book as a draft!

Your Writing:

NOTEBOOK:

SEE YOU SOON!

Linguas Classics Team

ENJOY
FREE
GAMES
NOW ON
↓

www.ingramcontent.com/pod-product-compliance
Lightning Source LLC
Chambersburg PA
CBHW082156120626
46553CB00010B/2912
9798896708421